サブスクリプション

製品から顧客中心のビジネスモデルへ

雨宮寛二

角川新書

はじめに

「サブスクリプション（サブスクリ）」は昔から存在しました。新聞や雑誌の購読に始まり、賃貸住宅や公共料金、電車の定期券など、一定期間、利用の契約関係を結び定額制もしくは従量制で月額料金を支払い、製品やサービスを享受するシステムです。これらはいわゆる「レガシー・サブスク」として社会の片隅で息を潜めていました。しかし、経済成長の停滞が長期化し、人々の生活や暮らしが多様化していくと共に、現代社会の中心へと躍り出てきました。

インターネットが商用化して高度情報化社会を迎えるまでの約30年間は、デジタル化が進み、情報量が格段に増加し、多くのビジネスが生み出され、モノやサービスが現れては去って行きましたが、その背景には大きなトレンドが存在していました。「所有」から「利用」への変化です。

重要なのはこの大きな流れが進化し続けていることで、このトレンドが未来の社会でも消費の原動力として増大し続けることです。現状では、この流れを止めるようなものは見えていないばかりか、今後、少子高齢化やＡＩ（人工知能）などのテクノロジーの進歩が促進されることで、格差社会がさらに進展することになれば、このトレンドが益々大きな潮流となっていくことが予想されます。

利用したいものを所有したいと考えるのは、一昔前では当たり前でした。経済的に裕福になれば、気に入ったものを手に入れたいという所有欲は強くなります。日本では、高度経済成長期に「１億総中流」という意識が生まれ、この意識が以降の日本社会を支配するようになりました。経済的な生活水準の向上は購買意欲を高め、購入して所有することがステータスにもなった時代です。

以来何十年も続いてきた「製品やサービスを販売して収益化する」というビジネスモデルは今、大きな転換点にさしかかっています。計画的に陳腐化していく仕組みを作り出し、頻繁に新製品を市場に投入し、消費者に購入を促すという時代は終焉（しゅうえん）を迎えようとしています。それを後押ししたのはデジタル化の波であり、「所有」から「利用」への消費者ニーズの変化であり、ミレニアル世代以降の新しい価値観でありました。

「所有」から「利用」への変化は、まさしくビジネスに広がる成長機会です。それは、成長への新たなる道筋として置き換えることもできます。なぜなら、利用の中心に位置するサブスクが、今ではあらゆる産業やビジネス分野に取り入れられ、潜在需要を顕在化させ、製品中心から顧客中心への変革を創り出しているからです。経営の財務基盤として機能するだけでなく、ビジネスの常識を塗り替えているのです。

サブスクは、消費する側にも多くのメリットをもたらしてくれます。私たちは、日々の生活や暮らしの中でさまざまな選択を迫られますが、その中で最も価値ある選択肢のひとつとして機能してくれます。膨大な情報の中から判断を下す際の煩わしさを和らげてくれます。所有や維持に伴う負担や労力を軽減してくれます。自動的もしくは定期的に製品やサービスが提供されるので便利でもあります。こうした便益は、まさに購入では得られないサブスクならではのものであるため、サブスクを選択する人たちが増えているのです。

本書では、サブスクを多面的に捉え、さまざまな視点から考察して行きます。

第I章のテーマは、「所有から利用へ——サブスクリプション時代の到来」です。サブスクの考え方やクラスタリングに始まり、サブスクとレンタルやリース、シェアなどとのビジネスモデルの比較、サブスク3・0などの考え方、サブスク・ボックスの俯瞰、サブスクの成功事例と成功条件などを検証した上で、サブスクの戦略モデルについて考察します。

第Ⅱ章では、「サブスクリプション・エコノミーの創出――デジタル化と融合するサブスク」をテーマにして、急速に発展するサブスクリプション・エコノミーの促進要因やデジタル化との関係性、サブスクのシェアリングエコノミーにおける位置付けなどについて考察します。

第Ⅲ章では、「米国を席巻するサブスク・ボックスの波――製品中心から顧客中心へ」と題して、米国における12のサブスク・ボックス事例を取り上げ、戦略やビジネスモデル、オペレーション、マネタイズ（収益化）、マーケティングミックスなどの面から成功や失敗要因を探ります。

第Ⅳ章では、「未来社会に広がる成長機会――新たなる成長機会を捉えるサブスク」のテーマのもとに、今後、少子高齢化やＡＩなどのテクノロジーが進展していく社会において、サブスクがあらゆるビジネスに広がる成長機会をどのようにして捉えるか検証します。

第Ⅴ章では、「モノを売る時代の終焉――すべての消費を飲み込むサブスク」のテーマで、自動車産業を始めとして、コンテンツ業界、外食産業、家具業界、家電業界でサブスク化が進みモノを売る時代が終焉しつつあることを検証した上で、究極のサブスク・モデルについて考察します。

サブスクでは、会員になってもらうまでのフェーズと会員になってもらった後のフェーズでは明らかに戦略が異なります。それぞれのフェーズで、顧客獲得と会員継続に焦点を当てた戦略が必要になります。特に会員継続では、顧客志向の「サービス化」（顧客価値の創出）が求められます。２つの異なる戦略を使い分けてサブスク・モデルを構築するという点ではどちらも同じくらい重要ですが、会員獲得後も顧客志向を徹底していかないとリカーリング・レベニュー（継続的な収益）を失うという意味では、「サービス化」の重要性が高くなります。なぜなら、「チャーン・レート（解約率）」をできるだけ低く維持することが、「顧客生涯価値（ライフタイムバリュー）」を高めることに繋（つな）がるからです。

本書ではできるだけ多くのサブスク事例を取り上げて、創業に至った経緯、経営者の考え方、競合他社との競争に勝つための打ち手とそのビジネスモデルなどについて、詳細に説明するよう心掛けました。特に、サブスクの生命線である会員に継続を促す「サービス化」については、詳細な説明と共にその戦略性を見極めて論述するよう努めました。

本書が、読者諸賢にとってサブスクという時代を読み解く一助になれば幸甚です。

目次

はじめに　3

第I章　所有から利用へ　——サブスクリプション時代の到来　15

第Ⅰ章　所有から利用へ——サブスクリプション時代の到来

1．消費者の志向の変化がもたらすサブスクの拡大

最近、テレビや新聞、雑誌などのメディアで「サブスクリプション」という言葉を耳にすることが多くなりました。日本では、単なる定額制サービスとして語られることが多くなっていますが、実際には異なります。テクノロジーを活用することで、顧客のニーズに応じた商品やサービスを提供し、継続的に課金するビジネスモデルが最新の潮流になっています。課金方法は、定額制、従量制を問わず、時に料金が変動するモデルであるとも言えます。

サブスクリプション（サブスク）とは、利用者側の視点で捉えると、「利用する期間に応じて料金を支払うシステム」を指します。例えば、古くは、牛乳の定期配達、新聞や雑誌の定期購読、公共料金、賃貸住宅、固定電話など、近年では、携帯電話、ケーブルテレビ（CATV）などが挙げられます。これらのサービスや製品によるサブスクは決して目新しいものではなく、どれも昔から存在していました。それゆえ、こうしたサブスクは、「レガシー・サブスク」と呼ぶこともできます。

他方で、サブスクを事業者側から見ると、「利用する期間に応じて利用者から料金を受

け取ることで、継続的にサービス提供や製品販売を行う事業モデル」と捉えることができます。継続的に課金する事業モデルという意味では、リカーリングという考え方も当てはまります。サブスクは、従来のワンショット販売（アラカルト）を継続的な販売に転換できることから、事業者に財務的な安定基盤をもたらします。例えば、買うという消費行動で云えば、新聞は毎日買ってもらえるとは限りませんが、定期購読ならそうした心配を必要としなくなります。このように、安定収益モデル化による長期的な財務基盤の確保が可能なことから、ビジネスモデルを見直して、アラカルトからサブスクに移行する事業者も増えつつあります。

レガシー・サブスクの存在から、サブスクは最近になって新たに誕生したビジネスモデルではないことが分かります。それではなぜ、近年、サブスクが注目されるようになったのでしょうか。最大の要因は、消費者の志向の変化にあります。従来「購入・所有」が前提だった消費者の意識は、「利用」するだけで十分であるという意識へと変化しつつあります。この志向はミレニアル世代以降の若者に顕著で、モノを所有することに価値を感じなくなっているのです。例えば、「自動車を買っても週末しか乗らないということであれば、レンタカーやカーシェアで十分なので購入しない。しかも、保険や車検といった煩わしい手続きさえも必要なくなる」といった考え方です。

こうした意識は、自動車のみならず、洋服や食品などあらゆる分野に広がりつつあります。その後押しをしているのが、デジタル化です。インターネット（ネット）を介して映像や音楽のストリーミングが可能になったことで、本来、ＣＤやＤＶＤなどを購入しなければ利用できなかったコンテンツやサービスをデジタル化により享受できるようになったのです。それゆえ、こうしたサブスクは「デジタル・サブスク」と呼ぶこともできます。

サブスクが増加している要因を利用者側の視点で捉えると、消費者の志向の変化の他にも幾つか挙げることができます。そのひとつは、選択するという手間が解消されることです。その道の専門家もしくはＡＩ（人工知能）が、利用者の志向や経験を踏まえて商品やサービスを選んでくれるので、ネットにある膨大な情報を調べて比較衡量するという手間が省けます。その上、プロが目利きしたモノが送られてくる際のワクワク感も、期待値という付加価値を利用者に与えてくれるのです。

また、アラカルトからサブスクになることで、コストパフォーマンスがアップすることも大きな要因です。単価が安くなることや、購入に伴う高額出費が無くなること、さらには、定額でさまざまなモノが試せることは、利用者にとって魅力的です。

消費者の志向が所有から利用へと変化していることから、ビジネスの常識も変わることになります。これまでの所有の時代からこれからの利用の時代へという流れで見た場合、企業は、従来の商品を売るという「物売り」から商品の利用を通して「サービスを売る」という変革を求められることになります。

それに伴い、企業はサブスクの戦略性を高めるために、ミッションでは従来の「ヒット商品の開発」から「長期的な顧客リレーションシップの強化」へ、営業では「数量」から「サービスや価値」へ、マーケティングでは「ブランディング」から「ユーザー成功体験」へ、財務では「販売利益」から「顧客生涯価値（ライフタイムバリュー）」へと、それぞれ軸足をシフトさせることが求められます。とりわけ、ユーザー成功体験では、顧客満足度を常に高めるための施策を提供（サービス化）する必要があります。なぜなら、それが、サブスクの生命線でもある長期的な顧客リレーションシップの強化に繋（つな）がっていくからです。

2．サブスクの火付け役となったのは？

世界的にも、サブスクは多くのビジネスに取り入れられています。日本でも、サブスクは、ちょっとしたブームになっています。ブームということであれば、一過性で終わってしまうということになりますが、果たしてそうなのでしょうか。結論から言うと、そういうことはなく、これから将来にかけてサブスクは、益々増えていくと考えられます。その大きな要因は、少子高齢化とＡＩの実用化が進展することです。これを少しずつこれから説明していくことにします。

サブスクの火付け役は、ネットフリックスやセールスフォース・ドットコムといったオンライン事業者でした。どちらも１９９９年にサブスクを開始しています。両社のビジネスモデルに共通するのは、クラウド型の配信サービスをサブスクで提供しているという点です。クラウドというのは、２００６年にグーグルの前会長であるエリック・シュミット氏が生み出した言葉で、平たく云えば、インターネットを通して音楽や映画などのコンテンツや、パソコンなどで使うソフトウェアを利用できることを意味します。

ネットフリックスは、従来郵送によるアラカルト（ひとつの映画ごとにレンタルできる方式）でＤＶＤのレンタルサービスを行っていましたが、その後、クラウドを使ったストリーミング配信によるサブスクにビジネスモデルを転換して、この業界に定額制による映画見放題サービスをいち早く持ち込みました。つまり、ネットフリックスは、ＤＶＤ本体の提供からオンラインでコンテンツにアクセスする定額利用へと移行したのです。このサブスクには、利用者が映画を選択する際に手助けとなる「シネマッチ」が含まれています。このシネマッチにより、利用者の視聴履歴などの膨大なマーケティングデータからアルゴリズムを活用してお薦めの映画を推奨することで、利用者へのカスタマイズを図っています。結果的に、ネットフリックスは、サブスクへの移行により、自社のスケーラビリティを飛躍的に向上させることに成功しています。

他方、セールスフォース・ドットコムは、クラウドを使って企業向けに顧客関係管理（CRM）のソフトウェアサービスを提供する会社で、ソフトウェア業界にサブスクを導入した先駆けです。ソフトウェアの提供が顧客ごとにカスタマイズされているのが特徴で、予め(あらかじ)用意したソフトウェアを顧客ニーズに応じて組み合わせ、サブスクで提供しています。ソフトウェアはクラウドで常時アップデートされるので、顧客は最新版を利用できるようになっています。

セールスフォース・ドットコムの強みは、カスタマイズによる競合との差別化が図られている点にあり、実際、「チャーン・レート（解約率）」を1桁(けた)台に維持しています。また、サブスクにより顧客からの定期収入が得られることで、安定した財務基盤を確保し続けています。

このように、ネットフリックスにしても、セールスフォース・ドットコムにしても、サブスクを提供する上で、顧客のニーズに応じたカスタマイズを的確に行うことで、競合他社との差別化を図り、継続購入を維持しているのです。

3．利用する消費行動の最上位に位置するサブスク3・0とは？

サブスクは、ネットフリックスやセールスフォース・ドットコムといったオンライン事業者が火付け役となり、その後2010年頃から本格的に米国で創業されるようになりましたが、それ以前にも、シェアやレンタルなどに見られるように、所有せずに利用するという消費形態は存在していました。

図表1は、各消費形態のビジネスモデルを比較したものです。所有の消費形態のひとつである「販売」は、いわゆる〝売り切りモデル〟で、商品やサービスを販売することで収益を上げるモデルです。「割賦」は、契約期間に応じて代金を分割して支払う方法ですが、最終的に所有権が顧客に移転するため、その消費スタイルは、「販売」と同様に所有となります。

【図表1】ビジネスモデル比較

消費スタイル	消費形態	所有権の移転	企業側に入る収益	商品・サービスの変更	途中解約・休止
利用	サブスクリプション	なし（サブスク事業者保有）	継続的	可能	可能
	シェア	なし	継続的	可能	可能
	レンタル	なし（レンタル事業者保有）	継続的	可能	可能
	リース	なし（リース会社保有）	継続的	不可	不可
所有	割賦	あり（割賦終了後顧客へ）	割賦販売終了時点	不可	不可
	販売	あり（顧客へ）	販売時点	—	—

これら2つに対して、利用に重点を置いた消費形態が、リース、レンタル、シェア、そしてサブスクになります。「リース」は、対象物件を比較的長期にわたり借りる取引であり、「レンタル」は、対象商品の中から選んで一定期間借りる形態であることから、両者とも賃貸モデルであると言えます。「シェア」は、モノやサービスを共有して利用するモデルで、利用量に応じて料金が決定することもあるので、必ずしも定額とは限らないということになります。これら3つの形態はいずれも所有権が移転することはなく、収益が企業側に継続的に入ります。

それでは、こうした消費形態とサブスクとの違いはどこにあるのでしょうか。一番大きな違いは、収益の見通しが立ち易いことです。シェアやレンタルは、基本的にモノやサービスを利用した量に応じて料金が決まるため、売上の見通しが立ちづらくなりますが、サブスクは、シェアやレンタルよりも収益の見通しが立ち易く、安定的な収益を上げることができます。

サブスクは、常に高い顧客満足度を実現するために、継続的にさまざまな施策を打つ、つまり、「サービス化」を図る必要があります。その中でも、基本となるのが料金プランの変更です。料金プランは顧客が選択し易く、また、変更し易いものでなければならないため、3段階程度の料金プランを設定しておくことが必要です。さらに、途中解約や休止のプランも用意されていると、長期の出張など何らかの都合でサービスを一時的に休止したいと考える顧客にも対応することができ、サブスクの解約（チャーン）防止にも繋がります。

サブスクは現在、米国を中心に日本でも次々と立ち上げられ、ビジネスモデルが進化しつつありますが、サブスク化はどこまで進んでいるのでしょうか。レガシー・サブスクをサブスクゼロとした場合、「サブスク１・０」、「サブスク２・０」、「サブスク３・０」の３つの段階に分けることができます。

サブスク1・0は、サブスクゼロのレガシー・サブスクに近い段階にあり、以下のような特徴を持っています。多くの日本生まれのサブスクは、まだこのステージに止まっています。

・定額制を採るが、商品やサービスを割賦のように分割払いで購入している状況に近い
・商品やコンテンツのアップデートがなく、商品やサービスの交換ができないもしくは制約がある
・購入する場合に比べ、初期費用が安く抑えられる

サブスク2・0は、以下のように、商品やサービスが使える他に、付随するさまざまな有料会員向けサービスが受けられます。また、他の料金プランへの乗り換えが自由で、商品やサービスの交換も可能です。

・アップセルやダウンセル、クロスセルなど料金プランの選択肢が用意されており、顧客は自由に料金プランを変更できる

・商品やコンテンツがアップデートされ、商品やサービスの交換が自由にできる
・商品やサービスが使える他に、有料会員だけの特別なサービスが受けられる

サブスク3・0は、現在最も進んだステージにあるサブスクで、次のような特徴があります。最大の特徴は、AIなどのテクノロジーを使ったレコメンデーション機能が備わっており、顧客の嗜好(しこう)に合った商品やコンテンツを推奨してくれる点にあります。また、プラットフォームとして構築されているので、ネットワーク効果が働くことで、顧客価値を創出することが可能となります。

・AIなどのテクノロジーを駆使して、顧客の嗜好に合った商品やコンテンツを推奨してくれる
・プラットフォームとして構築されている

この最上位のステージであるサブスク3・0にポジショニングされるのは、アマゾンや、ネットフリックス、スポティファイ、スティッチフィックス、ラクサスなどの事業者です。

このレベルにある各社のサービスは、欲しいと思うコンテンツや商品を〝顧客に先取りして〟推奨してくれるので、コンテンツや商品を探す手間さえもかけさせないという、いわゆる利便性を極めた「サービス化」が図られているのです。

4. サブスクはどのように分類できるのか？

それでは、現在、世界で展開されているサブスクにはどのようなものがあるのでしょうか。サブスクを分類すると、「オンライン（デジタル）」と「オフライン（リアル）」の2つに大きく分けることができます。オンラインで提供されるサブスクは、「デジタル・サブスク」や「サブスク・コマース」という名称で呼ばれています。

この2つのカテゴリーの中に、「個人向けサービス（B2C）」と「法人向けサービス（B2B）」がそれぞれ存在します。一般的に、個人向けサービスが話題になりがちですが、法人向けサービスもさまざまな分野に広がりを見せており、とりわけソフトウェア業界では既に一般的になっています。世界のサブスクを分野別で見ると、以下のように整理することができます。

・ソフトウェア：セールスフォース・ドットコム（CRM・米国）、ラクモ（生産性向上・日本）、スマートHR（人事労務管理・日本）等

・音楽配信：スポティファイ（スウェーデン）、アップル（米国）、アマゾン（米国）、ラインミュージック（日本）、ドワンゴジェイピー（日本）等

・動画・映像配信：アマゾン（動画配信・米国）、ネットフリックス（動画配信・米国）、U-NEXT（動画配信・日本）、DAZN（スポーツ動画配信・英国）等

・書籍配信：アマゾン（米国）、楽天（日本）、ソニー（日本）等

・飲食：ブルーエプロン（ミールキット・米国）、ハローフレッシュ（ミールキット・ドイツ）、インスタカート（生鮮食品配送・米国）等

・ファッション：スティッチフィックス（アパレル・米国）、レント・ザ・ランウェイ（アパレル・米国）、ラクサス（高級バッグ・日本）、エアークローゼット（アパレル・日本）、スパークルボックス（アクセサリー・日本）、カリトケ（時計・日本）、ワイクリン（ワイシャツ・日本）等

・美容・ヘルスケア：イプシー（コスメ・米国）、バーチボックス（コスメ・米国）、ブルームボックス（コスメ・日本）、ラクシー（コスメ・日本）、メゾン（美容室・日本）、メ

デュラ（パーソナルシャンプー・日本）、モグサーノ（お灸・日本）等

・自動車：ＧＭ（米国）、フォード（米国）、ボルボ（スウェーデン）、ポルシェ（ドイツ）、ＢＭＷ（ドイツ）、メルセデス・ベンツ（ドイツ）、トヨタ（日本）、スマートドライブ（コネクテッドカー・日本）、エクスチェンジドライブ（高級車・日本）、カルモ（日本）等

・生活：バークボックス（ペット犬グッズ・米国）、こいぬすてっぷ（ペット用品・日本）、ブルーミーライフ（花・日本）、サブスクライフ（家具・日本）、クラス（家具・日本）等

・娯楽：ルートクレイト（ポップカルチャーグッズ・米国）、カラ鉄ホーダイ（カラオケボックス・日本）、レンタル８１９（オートバイ・日本）等

これらの他にもサブスクはさまざまな分野に派生しています。ストリーミングでは、オンライン大学受験講座配信、また、娯楽分野では、音楽ライブ行き放題といったサービスもあります。変わり種としては、卵かけご飯やベビーカー、婚活パーティーなどがあります。卵かけご飯は月額５４０円で食べ放題、ベビーカーは月額３０００円で使い放題、婚

活パーティーは女性のみ月額980円で参加し放題です。いずれも定額で利用し放題というのが特徴になっています。つまり、利用者は事前にネットなどで情報を調べることなく、サービスを受けられるというわけです。サブスクは、まさに、私たちが沢山の情報を調べて選択する行為から解放してくれるありがたいサービスなのです。

ただ、婚活パーティーのサービスは、他のサービスとは少し異なる特性を持っています。このサービスは、女性だけを月額980円という安い定額料金で参加し放題にしていますが、男性はサブスクではなくアラカルトを採っており、1回の参加料金が3500円に設定されています。

なぜ、このような異なる料金システムを採用しているのでしょうか。それは、女性の参加数が増えることで男性がこのパーティーに参加する価値が高まるからです。この法則が当てはまる時、増加する女性を優遇して参加料金を低く設定し、価値が高まる男性の参加料金を高く設定すれば、このサービスには参加者が集まりビジネスとして上手くいきます。逆に設定すると、ビジネスとして立ち行かなくなります。

なぜこのようになるかと言うと、少し難しい言葉を使えば、女性と男性のそれぞれのグループの間にネットワーク効果が働くからです。ネットワーク効果とは、顧客が増えることでネットワークの価値が高まり、顧客にとっての便益が増すことを言います。これを携帯電話で見れば、話すという目的で加入者が増えることになれば、携帯電話というネットワークの価値が高まり、加入者にとっての便益が増すということが分かります。婚活パーティーの場合、昔から女性を多く集めることが課題でした。女性を低額のサブスクで惹(ひ)きつけ集客し、男性の参加意欲を高めるわけです。

ある程度ビジネスが軌道に乗ったところで、女性の参加料金を見直すことで、女性の数を調整することも可能になります。例えば、女性の参加数が増え過ぎた場合には、参加料金を上げれば良いのです。実際この婚活パーティー会社の女性の参加料金は現在月額980円ですが、以前は月額500円と破格に安い料金に設定されていました。

このように、この婚活パーティーのサービスは、女性に特化した低額のサブスクを導入することで、ネットワーク効果を上手く働かせているのです。

また、ファッション分野では、時計、アクセサリーの他に、宝石や貴金属、香水などのサービスがあります。その他にも、フィットネスジムや習い事などさまざまなサービスが展開されています。これらのサービスはいずれも個人向けサービスが主流になっています。

海外では、近年、個人の志向や使用傾向に合わせた、いわゆる自分だけのサブスクが出始めています。例えば、ジャスト・ザ・ライト・ブック社（justtherightbook.com）は、利用者が読書履歴や傾向などのデータを入力すると、専門家が推奨してくれる本が毎月自宅に届くサービスを定額で提供しています。また、ゼナミンズ社（zenamins.com）は、利用者の基礎データや体調を基に、サプリメントを定額で届けるサービスを展開しています。

他方で、法人向けサービスは、デジタル・サブスクが中心となります。クラウドを使って企業向けにさまざまなソフトウェアを提供するモデルです。前述したCRMを提供するセールスフォース・ドットコムなどが代表的な事業者ですが、最近では、クラウドシフトに大きく戦略転換を図ったマイクロソフトがサブスクで成功を収めています。

こうしたサブスクを展開している事業者に対して、「マネタイズ（収益化）」のための分析ツールを提供するソリューション事業者も生まれています。その代表的な企業が、ズオラ社（Zuora）です。ズオラ社は米国に本社を置き、サブスク・コマースを展開する企業向けに最適化したＳａａＳアプリケーションを開発・販売・提供するソフトウェア会社で、日本を含む10ヶ国で事業展開しています。加入者の利用状況を始めとして、サブスク・ビジネスの収益構造やコスト構造などをさまざまなパラメーターにより解析することで、課題の抽出やマネタイズの道筋をつけてくれる後方支援サービスを提供しています。

このように、今日では、サブスク・コマースを中心に、「サブスク・エコシステム」が形成されつつあるのです。

5．米国で人気を集めるサブスク・ボックスとは？

それでは、現在、サブスクがいかなる分野でどのようなサービスとして利用されているのか見ていくことにしましょう。2018年10月にKDDI総合研究所がサブスク・ビジネスに関する調査結果を公表しています。「世界を席巻(せっけん)するサブスクリプションビジネス」と題するこの調査では、2013年第3四半期から2018年第2四半期までの世界のサブスク・ビジネスに関するニュース40万件（ユニーク件数）のうち、代表的な事例約3800件を抽出してクラスタリングしています（図表2）。

この結果から分かることは、デジタル・サブスクが目立つことです。ソフト・クラウドに加え電子書籍や楽曲、ゲーム、映像などのコンテンツによるサブスクが上位に来ています。非デジタルでは、「サブスク・ボックス」が全体の17％と高くなっています。ここで言うサブスク・ボックスとは、いわゆる「定期購入便」で、具体的には、毎年もしくは毎月定額料金を支払うと顧客の好みに合わせた商品が〝箱〟に入って定期的に届くサービス

【図表2】サブスクに関するニュース分類結果

順位	分野	デジタル	非デジタル
1	サブスク・ボックス		17.0%
2	ソフト・クラウド	10.1%	
3	電子書籍	10.0%	
4	音楽・ラジオ	8.4%	
5	ゲーム	7.8%	
6	映像・動画	6.3%	
7	ニュース	5.9%	
8	車		5.1%
9	映画館		2.5%
10	VR	1.4%	
11	ライドシェア		0.7%
12	飲食		0.6%
他	—	24.2%	
合計	—	49.9%	25.9%

順位	分野	数値
1	食品・アルコール	18.0%
2	キャラクターグッズ	13.0%
3	ファッション・洋服	12.0%
4	コスメ（美容・ヘアケア）	11.0%
5	キッズ教育	10.0%
6	サニタリー	5,5%
7	ペット用品	4.2%
8	生活雑貨	3.5%
9	カミソリ	3.3%
10	書籍	1.6%
11	お菓子	1.3%
12	MLBグッズ	0.6%
他	—	16.0%
合計	—	100.0%

（出典）KDDI総合研究所の結果をもとに作成

です。

サブスク・ボックスの内訳を見てみると、1位の食品・アルコールから5位のキッズ教育までの分野の比率が他に比べて高く、この5つの分野だけで全体の約3分の2を占めています。米国では2010年頃から、コスメや食品（料理）、アパレルなどの分野でサブスク・ボックスが取り入れられて人気が高まり、注目されるようになりました。

コスメでは、米国のイプシーやバーチボックスなどが、2010年頃から月額10ドル程度で利用者の嗜好に合わせた化粧品サンプルをポーチや箱に入れて宅配するサービスを開始し、加入者を増やしています。日本でも、これらの成功例に倣って、2014年頃からほぼ同じビジネスモデルで、ブルームボックス（コスメ・コム社）やラクシー（楽天）などが月額1500円から2000円でコスメアイテムが入ったボックスを会員に宅配しています。

ブルームボックスは、元々、グロッシーボックスという名称でしたが、コスメ・コム社がその運営会社であるビューティー・トレンド・ジャパン社を買収したことで名称が変更しました。グロッシーボックスは、バーチボックスのビジネスモデルを踏襲して創業しています。

アパレルでも、サブスク・ボックスが米国で始まり広がりを見せています。2012年にスティッチフィックスが創業して以降、レント・ザ・ランウェイなどがそれに続いています。スティッチフィックスは、アパレル分野に「データ主導型のビジネスモデル」を導入して、サブスク・ビジネスを展開しています。具体的には、利用者データの解析により、AIとパーソナルスタイリストが選択した服を月額20ドルで推奨してくれます。

レント・ザ・ランウェイ（RTR）は、2016年に月額159ドル（税抜）でサブスク・ボックス「RTRアンリミテッド」を開始しています。スティッチフィックスよりも月々の料金が高額になっているのは、パーティーや結婚式などのイベント用のフォーマルウェアやデザインブランドのドレスに特化してレンタル提供しているからです。1年目で売上1億ドルを超え黒字化を果たし、現在会員は900万人に達しています。

日本でも、2015年以降、エアークローゼットやメチャカリなどが同様のビジネスモデルで月額5000円から8000円のサブスク・ボックスを開始しています。中でも、エアークローゼットは月額6800円で、スタイリストが300ブランド以上の服の中から好みの服を3着選んでくれます。2019年2月末のコーディネート満足度は91・8%と高く、現在会員は20万人を超えています。

食品・アルコールでは、ミールキットサブスクが米国で人気の高いサブスク・ボックスになっています。ブルーエプロンが２００９年にサービスを開始して、この分野におけるサブスク・ボックスのビジネスモデルをいち早く確立しています。ブルーエプロンは、生鮮食料品をレシピと共に定期的に宅配するミールキットサブスクで、常時最新のレシピが用意され、高級感のある料理が平均35分程度で作れるようになっています。

ドイツのロケットインターネット社傘下のハローフレッシュは、ブルーエプロンのビジネスモデルを踏襲して２０１１年に創業しました。後発でありながら、グローバル展開を図る一方で同業のグリーンシェフを買収するなどして、ブルーエプロンよりも会員数を伸ばしています。

このように見てくると、サブスク・ボックスはその多くが米国で生まれ、ビジネスモデルが確立されていることが分かります。米国での人気が高まり注目度が増すにつれて、日本でも取り入れられるようになり、事業化が少しずつ進んでいるというのが実態です。

また、米国では、既に多くのサブスク・ボックスが、生活や暮らしに浸透しています。継続的に利用者と良好な関係を保つことが、サブスク型のビジネスモデルで成功する鍵（かぎ）となっています。

6. サブスク・コマースで成功する条件とは？

現在、幅広い分野でサブスクは展開されていますが、市場から撤退したサービスもあります。撤退した理由は、競合他社、戦略、ビジネスモデル、財務基盤などさまざまです。それでは、サブスクに適した分野や業界というのは存在するのでしょうか。

まず、大きな分類、すなわち、オンラインとオフラインで見ていくことにしましょう。両者の最大の違いは、取り扱う商品が消耗品か否かという点です。オンラインで取り扱うコンテンツやソフトウェアは非消耗品なので、コンテンツを繰り返し利用することが可能です。また、メンテナンスも不要になります。よって、オンラインでは、オペレーションに加えメンテナンスにかかるコストを抑えることができます。

それに対して、オフラインで取り扱う商品は消耗品なので、食事やドリンクなどの場合には当然ながら繰り返し使えませんし、衣類やバッグなどは消耗するので、メンテナンスが必要になります。さらに、商品を配送する必要なども出てきます。よって、オペレーションやメンテナンスに加え、配送などのコストを負担しなければならなくなります。但し、美容室による美容サービスなどは技術になるので、人件費に含まれることになります。オフラインでは、こうしたコストをサブスクでどれだけ回収できるかが重要になります。

次に、個別のサービスについて考えてみましょう。基本的に、衣類やバッグなどの製品は、繰り返し使うと劣化するばかりか、他人が使うと気になるとの観点から、こうしたファッションアイテムは、サブスクの対象として難しいのではという見方もあります。また、メニューが少ないような卵かけご飯やラーメンといった食事は、短期的には良いかもしれませんが、長期的に継続購入をしてもらうのは難しいのではという風にも考えられます。

このように、さまざまな意見や見方が存在しますが、逆に、どのようにすれば、サブスク・コマースを成功に導くことができるのかという視点からも考えてみたいと思います。サブスクには、２つの大きなフェーズが存在します。それは、サブスクに「加入する前のフェーズ」と「加入した後のフェーズ」です。成功するための条件は、それぞれのフェーズに分けて考える必要があります。

まず、加入前のフェーズでは、「認知」されていること、顧客にその製品やサービスが予め十分に理解されて浸透していることが前提となります。つまり、必需品として既に利用習慣があるものか、もしくは明確にイメージすることができるものでないと、加入してもらうのは難しくなります。なぜなら、人は得体の知れないものにお金を出さないからです。

また、「新規性」という要素も重要です。例えば、楽曲や映画は、放っておいても常に新作が生まれます。顧客が加入する前に予め、コンテンツやサービスが次々と新しく生まれるという新規性の視点からサブスクとして、一定期間契約を結んでも構わないとの見通しが立つものであることが重要です。

さらに、「共用」が可能であることも大きな要素です。その製品やサービスが利用者や顧客にとって抵抗感なく共用できるものでなければ、サブスク・コマースとして成立するのは難しくなります。

他方、加入後のフェーズですが、ここでは利用者や会員に「継続購入」してもらうための満足感を訴求し続けることで、「顧客ロイヤリティ」を醸成することが重要になります。製品やサービスに一度や二度満足しても、逆に利用者の期待値は上がりますので、同じものので常に満足してもらえるとは限りません。加入後の満足感には、加入前の定額によるお得感は含まれませんので、継続して利用者に喜びを与え続ける何らかの「サービス化」が必要になります。

また、このフェーズでは、事業者と利用者との間に「コミュニティ」を形成できるかどうかが重要な要素になります。利用者をパートナーとして捉え、会員ならではの特典や恩恵を与えることで、長期的な視野に立ったリレーションシップを育む（はぐ）のです。例えば、「自分に合った商品をいつでも推奨してくれる」といった良い意味でのかまってくれる感です。こうしたことにより、利用者との間に強い絆（きずな）や信頼感を作り出すことができれば、それが大きな「コミュニティ」となっていくのです。

7．継続購入に成功しているサブスクとは？

それでは、どういったケースで、サブスク・コマースが集客力を高めているか見ていくことにしましょう。

高級ハンドバッグのサブスク・コマースを展開するラクサス・テクノロジーズ社は、２０１５年２月にサービスを開始して、４年足らずで有料会員が27万人を超えています。利用者は20～50代の女性ですが、どのようにしてこうした幅広い年齢層の女性を惹きつけることに成功したのでしょうか。

ラクサス・テクノロジーズ社は、高級ブランドに特化したハンドバッグのレンタルサービス「ラクサス」を運営しています。ラクサスは、月額６８００円（税抜）で、シャネルやエルメス、ルイ・ヴィトンなど57ブランドのバッグを返却期限無しで借りられる、レンタル放題のサービスです。その魅力は、さまざまな種類の高価なブランドバッグを、価格を気にせず定額料金で日常的に利用できる点にあります。これを可能にしたのが、ラクサスが採用する「会員（貸し手）→自社→会員（借り手）」のビジネスモデル（図表3）です。

ラクサス・テクノロジーズ社は当初、自社が買い付けたバッグを顧客に貸し出すビジネスモデル（図表3の①）を採用していました。ただ、このモデルでは、自社で買い付けるバッグ数が限定的であるという難点がありました。そのため、2017年1月に、会員が所有するバッグを自社で預かり貸し出すビジネスモデル「ラクサスX」（図表3の②）を追加しました。ラクサスXの狙いは、まさに取扱バッグ数を増やすことにありました。これにより、取扱バッグ数のスケールが格段に向上したのです。今では、会員から預かるバッグ数の割合が40％までに達しています。

このラクサスXのモデルは、理論的にも十分に合理性があると言えます。なぜなら、ラクサスXは、貸し手と借り手の2つのユーザーグループを持つプラットフォームとして十分に機能しているからです。つまり、この2つのグループ間にネットワーク効果が働くよ

【図表3】ラクサス・テクノロジーズ社が採用する2つのビジネスモデル

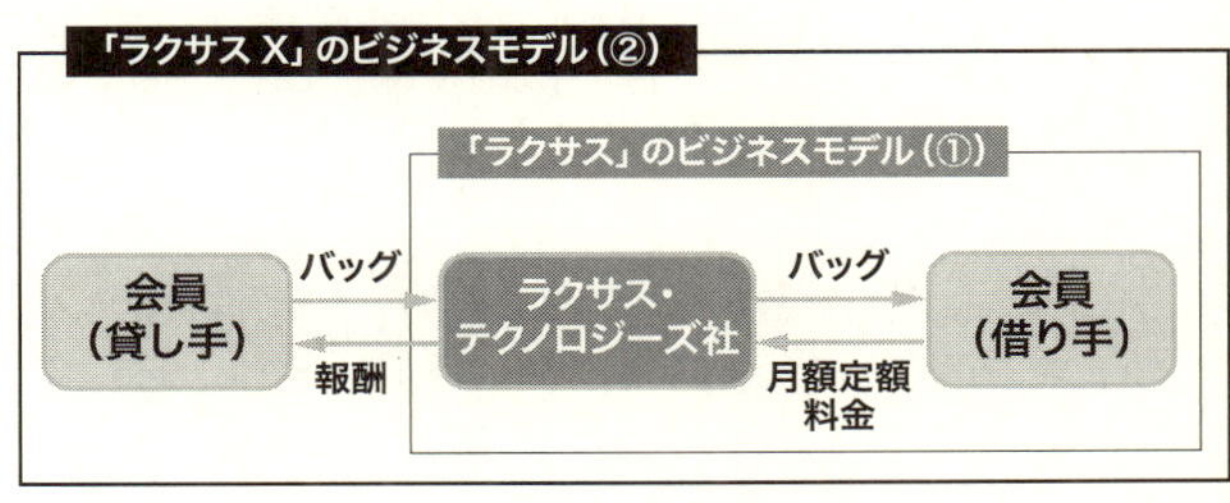

うな仕組みを設定しているのです。貸し手はラクサスXに預けて貸せば、6800円のうち30％が入ります。こうしたメリットにより、貸し手は45ヶ月連続で増え続けています。貸し手の数が増加して、ラクサスXの取扱バッグ数が増えれば増えるほど、借り手である会員数が増えます。会員数が増加することにより、さらに貸し手が増えるというわけです。また、ラクサスXは、貸し手を会員に限定して需要と供給のバランスを上手く保っています。このように、ラクサスXはプラットフォームとして十分に機能しているのです。

他方で、継続購入のためのサービス化も図られています。ラクサスでは、会員にチャットを使ったコーディネートのアドバイスを無料で行っています。会員がイベントに着ていく服を写真で送ってもらい、社内のスタイリストが最適なバッグを探し出してコーディネートするのです。こうした専門家によるアドバイスにより、ラクサスでは会員へのカスタマイズ化を図っているのです。

また、ラクサスでは、会員の行動履歴を把握して解析した情報を会員の次なる商品選択に生かしています。ラクサスが貸し出すバッグにはICタグが埋め込まれており、スマホ上でアプリを介してGPSによる位置情報を把握しています。例えば、ある会員がラクサスのバッグを持って外出先でルイ・ヴィトンの店舗に入ると、会員のスマホ上にレンタル可能なルイ・ヴィトンのバッグが優先的に表示されます。会員は店頭で気になる商品を見つけた場合、わざわざネットで検索しなくても、ラクサスが先取りして商品を提案してくれるので、スムーズにラクサスの商品選択が可能になるのです。

さらに、「ラクサスコーデ」のアプリの存在もサービス化としては見逃せません。このアプリでは、会員がアップした服とバッグのコーディネートの写真に「いいね！」が付けられるようになっています。この「いいね！」は自分のコーディネートが認められることになるので、会員は競って投稿します。また、在庫のないバッグをリクエストすることも可能で、これまでその殆(ほとん)どが仕入れられていることから、このアプリに対する会員の満足度も高くなっています。

ラクサスは、こうした打ち手を幾重にも積み重ねてサービス化の仕組みを構築し、満足度を高めながら顧客ロイヤリティを醸成しました。これにより、非常に高い継続率を獲得しています。会員の１ヶ月後の継続率は80%ですが、これが2ヶ月後には83%になり、３ヶ月後には90%、９ヶ月を超えると98%に達しています。サブスク・コマースでは、会員をいかに継続購入に誘導するかが重要ですが、そうした仕組みづくりは一朝一夕にできるものではないのです。

一般的な考えでは、ハンドバッグは繰り返し使うと劣化し、他人が使うと気になるとの観点から、サブスクの対象としては難しく敬遠されがちです。しかし、ラクサスは、敢(あ)えて商材に高級ブランドのハンドバッグを選びました。ラクサス・テクノロジーズ社の創業者であり社長でもある児玉昇司(こだましょうじ)氏は、『日経トップリーダー（２０１８年12月号）』のインタビューの中で、その理由を「洋服のように体形に合わせてサイズを揃える必要がない」、「季節に左右されない」、「既にブランドが浸透している」、「他人と共用することへの抵抗感が少ない」からであると述べています。児玉氏は、一般的な観念に囚(とら)われることなく、高級ブランドのハンドバッグがサブスク・コマースに適していることをしっかりと見抜いていたというわけです。

8．顧客ファーストのサービスでV字回復を果たしたサブスクとは？

既存ビジネスで、ビジネスモデルをサブスクに転換して、業績をV字回復させたケースもあります。メニコン社が２００１年に導入した会員制定額サービス「メルスプラン」がそれです。

メニコン社がビジネスモデルの大幅な転換を迫られたのは、１９９０年代後半、メニコン社が格安店に顧客を大幅に奪われ業績が急激に悪化したためです。コンタクトレンズ市場は当時、拡大傾向にあり、販売店が乱立し激しい価格競争が展開されていました。そのため、ユーザーは次第に安さを優先するようになり、誤ったレンズ選びや使用方法による目のトラブルが増えるようになりました。結果的に、これが、メルスプランを生み出すヒントになりました。つまり、メニコン社は、利用者に安全で安心してコンタクトレンズを使用してもらうにはどのようにしたらいいのかという顧客目線から、会員制定額サービスを発想したのです。

当時、コンタクトレンズの状態が良好でなかったり目に合わなかったりしても、価格が決して安いものではないとの考えから、すぐにレンズを買い替えず無理をして使用し続けるユーザーは少なくありませんでした。このシステムは、まさにそうしたユーザーの課題を解決するものでした。メルスプランでは、月額料金を支払えば、度数が変わったりコンタクトレンズが破損したりした場合、追加料金無しで何度でも交換ができます。

メルスプランの定額料金システムは、入会金（3000円）とセットで最初の2ヶ月分を支払い、3ヶ月目以降は月額費用のみを支払うという設定になっています。例えば、最低月額費用を採っている1ヶ月使い捨てタイプなら、入会金と月額費用の2ヶ月分に当たる6600円を入会時に支払えば、3ヶ月目以降は両目レンズが月額1800円で利用できます。1日使い捨てタイプから2週間、1ヶ月、3ヶ月交換タイプと使用するタイプに応じてさまざまな料金プランが用意されているので、会員は自分に合った最適なプランで快適に安全かつ安心して、コンタクトレンズを使用できるのです。

それでは、メルスプランはどのようなビジネスモデルを採っているのでしょうか。メルスプランでは、会員とメニコン社と販売店がトライアングルの関係になっています（図表4）。まず、顧客がメニコン社と会員契約を結ぶことでメルスプランの会員になります（①）。これにより、会員はメニコン社に月会費を支払い（②）、また、メニコン社は加盟店に販売手数料を支払い（③）、さらに、加盟店は会員にコンタクトレンズとサービスを提供します（④）。従来のビジネスモデルでは、メニコン社と販売店と顧客との間は、直線的な物流・商流関係に過ぎませんでしたが、メルスプランでは顧客と会員契約を交わすことにより、会員とメニコン社と加盟店の3者の間に循環型の関係を築くことに成功したのです。

このメルスプランのビジネスモデルは、2つの点で画期的なシステムでした。1つ目は、定額制であるため加盟店同士の価格競争がなくなり、従来の価格競争からサービスの質の競争への転換が図られたことです。加盟店としては、価格競争をせずに販売手数料という形で安定的な収入を得ることができるようになったため、サービスの質の競争に集中できるようになりました。また、定額制はメニコン社にも同様に安定収入をもたらしたことから、より良い製品を目指した研究開発への投資が可能になりました。今では、メルスプランによる定額収入は、売上全体の約50%を占めるようになっています。

2つ目は、会員も高品質なコンタクトレンズとサービスを受けられるようになったことです。定額制への移行は、会員による定額料金の支払いを起点にして、メニコン社、加盟店、会員という循環ルートでそれぞれにメリットをもたらしたのです。

【図表4】メニコン社が採用するビジネスモデル

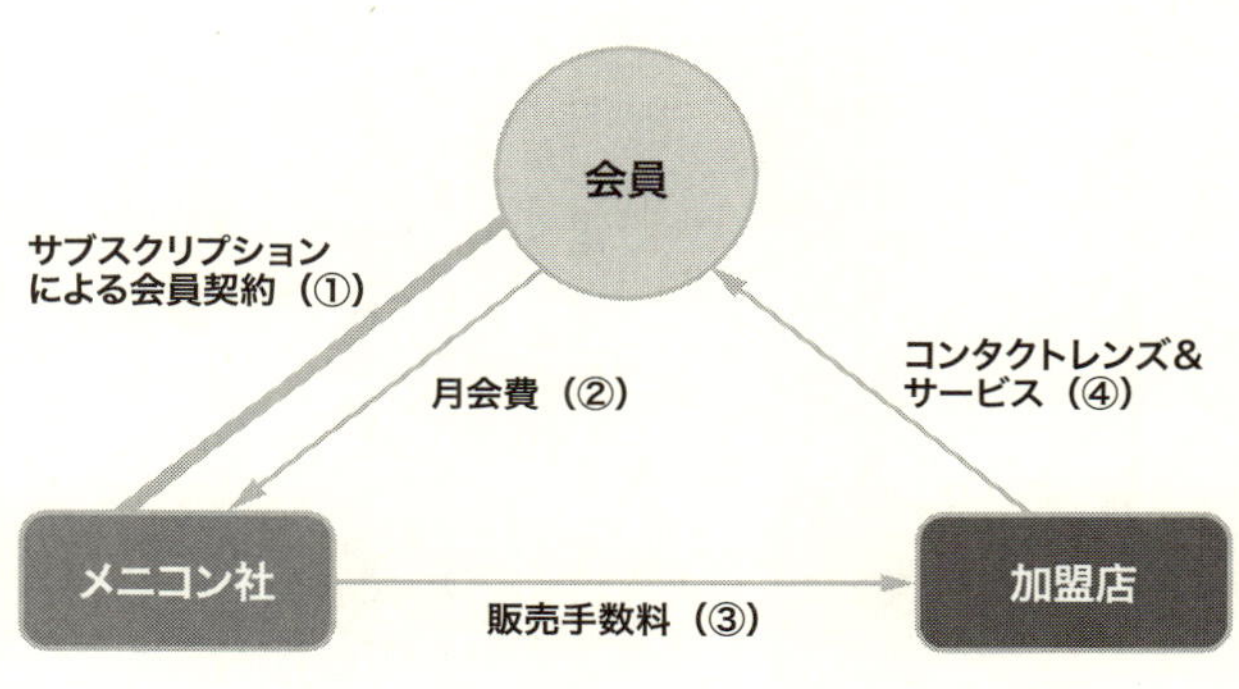

メニコン社は、このメルスプランにビジネスモデルを転換したことで、それまで３年連続で前年割れとなっていた売上高をＶ字回復させることに成功しました。現在、メルスプランの会員数は１３０万人に達しています。チャーン・レートは年間６％から７％と低く、継続購入の割合が極めて高くなっています。

現在メニコン社の社長を務める田中英成氏は、このメルスプランを「会員制・定額制視力保障システム」と位置付けています。メルスプランの名称である「Menicon Eye Life Support Plan」もこのコンセプトから来ているのです。

元来、メニコン社は、研究開発、製造、販売とバリューチェーンの上流から下流までをカバーする典型的な垂直統合型のメーカー企業でありました。垂直統合の強みは、開発、製造、流通の全てにおいて自社コントロールが可能となり、一貫した戦略を打ち出し完結することができる点にあります。それゆえ、従来の物流・商流システムからサブスクリプション・モデルであるメルスプランへ移行することは、非常に困難を伴うものでした。なぜなら、垂直統合型の特性として企業規模が大きくなることでガバナンスが難しくなるからです。メニコン社は、社長交代によりメルスプランへの転換を成し遂げました。

このように、メニコン社は、サブスクへの移行により、コンタクトレンズ販売という「物販業」から「サービス提供業」への転換を果たしたわけです。

9. サブスクシフトで復活を遂げた老舗のメガテック企業とは？

実績のある大企業が、既存の優良事業をアラカルトからサブスクに移行して成功したケースもあります。老舗（しにせ）のメガテック企業であるマイクロソフトは、売り切り型のパッケージ版ソフト「オフィス」をサブスク版の「オフィス365」に転換したことにより、頭打ちの業績が回復し、生まれ変わったと評価を高めています。

マイクロソフトは1990年代以降、パソコンのOS市場を寡占により席巻し、長きにわたり、パッケージ版による売り切り型のビジネスモデルを貫いてきました。そのため、OSソフト「オフィス」の新製品の販売状況や、インストール先のパソコンやサーバーといった周辺機器の売れ行き状況によって、業績がぶれることがありました。2000年代に入り、パソコン市場の成長が鈍化するようになると、スマートフォン（スマホ）で急成長を遂げたアップルやグーグルなどの競合が台頭するようになり、マイクロソフトは存在感を失うことになりました。

この状況を変えたのが、アラカルトからサブスクへの転換という打ち手でした。2011年に「オフィス」を従来の売り切り型からサブスク版の「オフィス365」に、また、法人顧客向けのITシステムをクラウドプラットフォームサービスである「アジュール」へと急速に移行したのです。

これにより、2014年には、オフィス全体に占める割合が10％に過ぎなかったオフィス365の売上高が、2017年には従来のパッケージ版ソフト「オフィス」の売上高を逆転しています。以降、マイクロソフトは、オフィスを再び成功サイクルの軌道に乗せることが可能となりました。世界で10億台に達するウィンドウズOS搭載のパソコンをパッケージ版からサブスク版に切り替えるだけで、頭打ちの業績を回復させることに成功したのです。

確かに、サブスク版のオフィスになれば、利用者は初期費用を抑えられる上、個人に最適化されたサービスが利用できるようになります。また、継続的なアップデートにより、常に最新版のソフトを利用することも可能となります。

一方、マイクロソフト側にも新たなメリットが生まれます。最大のメリットは、継続的な課金により安定した収益を確保することができることから、既存の利用者に契約を解除されないようなサービスの向上に集中することができるようになることです。マイクロソフトは、オフィスを開発して以降、長い間、オフィスの改良や改善に軸足を置いてきました。それゆえ、改良や改善は得意とする分野であり、長年蓄積された膨大なデータや知見を生かしてサービス化を図り、顧客満足度を常に高めることで、顧客との継続的な関係を強化することができるようになります。それゆえ、従来マイクロソフトが不得手とする、新製品を開発し、出し続ける必要もなくなるのです。

こうしたマイクロソフトのサブスクシフトは、市場でも高く評価されています。２０１８年に、マイクロソフトは16年振りに時価総額世界1位に復帰しました。それまでは、アップルに対する市場評価からも分かるように、市場評価軸の中心は新製品開発力でした。

２０００年代に革新力を発揮していたアップルのアドバンテージ、すなわち新製品から生み出される業績を市場は高く評価していたのです。

しかし、iPhone といった主力商品の業績に左右されるアップルよりも、サブスクで安定収益が得られるマイクロソフトを市場が評価するようになったのです。成長が止まったレガシーＩＴ企業の復活を支えたのはサブスクシフトでした。市場の評価軸は、サブスクというビジネスモデルで大きく変わりつつあります。

10．サブスクの戦略モデルとは？

これまで、さまざまな面からサブスクについて考察してきました。すなわち、サブスクのサービス面で差別化を図るにはどうしたらよいか、サブスク・エコシステムの形成、サブスクに不向きな業種、サブスク・コマースで成功する条件、さらには、サブスクの成功事例などです。これらのことを踏まえて、サブスク・コマースの戦略について考えてみると、サブスクの本質は、最終的に「顧客ロイヤリティ」を生み出せるかどうかにあるということが分かります。

図表５は「サブスク・コマースの戦略モデル」を表したものです。まず、顧客はサブス

【図表5】サブスク・コマースの戦略モデル

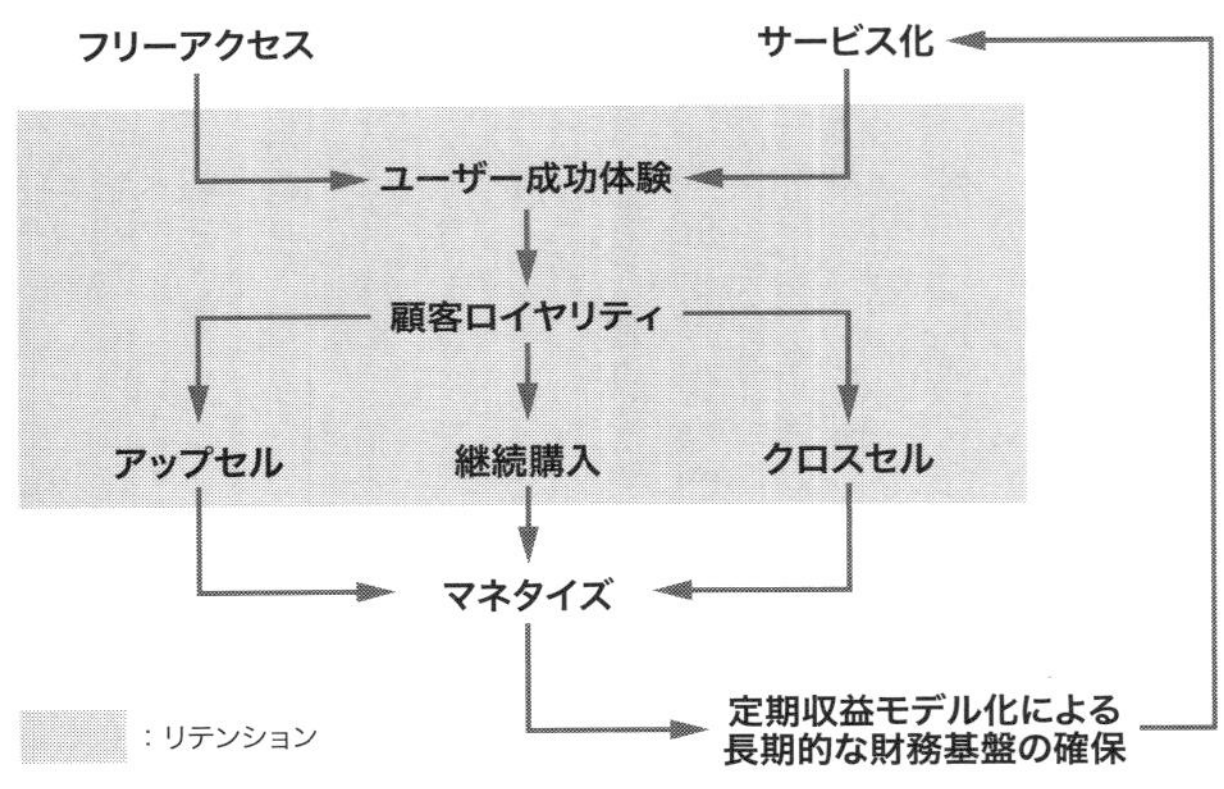

クの契約を結ぶと、「フリーアクセス」により利用し放題のサービスが享受できます。利用し放題のサービスは、あくまでもサブスクの前提条件という位置付けになりますので、継続購入を生み出すためには、利用者や会員に対して何らかの付加価値的な「サービス化」が必要となります。

サービス化の典型としては、カスタマイズが考えられます。すなわち、個々の利用者に対して、会員ならではの恩恵を与えることです。例えば、「自分に合った商品を勧めてくれる」とか「よく自分のことを見ていてくれる」といった気持ちを抱かせるサービスの推奨です。フリーアクセスに加えこうしたサービス化を徹底することで、「ユーザーの成功体験」が生まれます。

サブスク・コマースにおけるこうしたユーザーの成功体験は、モノを買うことで得られる単なる満足というレベルを超えるものとなります。なぜなら、ラクサスやメルスプランの事例でも分かる通り、会員がその商品を利用した後で、自分の生活が変わったと感じ取ってもらうことができるからです。この体験こそがサブスク・コマースでは大切なのです。会員をパートナーとして捉え、こうした成功体験により継続的な繋がりを持つことで、彼らとの間に絆、すなわち「長期的な顧客リレーションシップ」を作り出すのです。こうした絆づくりこそが、「顧客ロイヤリティ」の醸成に繋がることになります。

こうして得られた顧客ロイヤリティこそが、サブスクの本質になります。なぜなら、利用者に「継続購入」してもらうための条件として、顧客ロイヤリティの醸成が欠かせないからです。サブスク・コマースにおいて、顧客ロイヤリティという基盤を構築することができれば、「継続購入」だけでなく、「アップセル」や「クロスセル」にも顧客を誘導することが可能となります。利用者に、より高額な商品やサービスの購入を促すことや、セットとして関連商品やサービスの購入を促すことができれば、「マネタイズ（収益化）」の選択肢も増えることになります。

サブスク・コマースでのマネタイズのポイントは、「安定収益モデル化による長期的な財務基盤の確保」になります。その将来価値は、定額料金に時間を掛けることで表せます。すなわち、利用者が契約してから解約に至るまでの「ライフタイムバリュー（顧客生涯価値）」です。これは、売り切り型の製品やサービスの収益モデルとは大きく異なる点です。ライフタイムバリューで重要となるのは、途中解約をいかに少なくするかという点です。チャーン・レートを限りなくゼロに近づけるようなサービス化が重要になって来るわけです。

こうした一連の流れの中で、サブスク・コマースの戦略上重要となる概念が、「リテンション（既存顧客維持）」の考え方です。サービス化によりさまざまな打ち手を繰り出すことで、ユーザーの成功体験を作り出し、その体験により顧客ロイヤリティを醸成しながら継続購入の徹底を図る。これがリテンションのための重要なフォーメーションになるわけです。後は、「ユーザー成功体験→顧客ロイヤリティ→継続購入」をリテンションの基本フォーメーションとして、「ユーザー成功体験→顧客ロイヤリティ→アップセル」や「ユーザー成功体験→顧客ロイヤリティ→クロスセル」といったさらに上位のフォーメーションを築くことで、リテンションをより強固なものにしていくことが可能となるのです。

第Ⅱ章　サブスクリプション・エコノミーの創出

――デジタル化と融合するサブスク

1．急速に発展しつつあるサブスクリプション・エコノミーとは？

ズオラ社は、新たに「サブスクリプション・エコノミー」という考え方を提唱し、このコンセプトの支持者としてさまざまな活動に取り組んでいます。そのひとつの活動として、サブスクリプション・エコノミー・インデックス（ＳＥＩ）という指標を定期的に発表しています。ズオラ社のチーフ・データ・サイエンティストであるカール・ゴールド氏が、サブスクリプション・エコノミーの動向を示すために、同社を利用する顧客のデータを収集してこの指標を作りました。指標には、世界中の数百の企業の成長に関わるメトリクス（評価指標）が反映されていて、対象分野もＳａａＳ、メディア、遠隔通信、企業向けサービス、ＩｏＴと多岐にわたっています。

２０１８年の秋に発表されたＳＥＩによると、サブスクリプション・エコノミーが急速に発展していることが理解できます。ＳＥＩで注目すべき重要な発見として、以下の内容が示されています（図表６）。

・２０１２年１月１日から２０１８年６月30日までに、サブスク・ビジネスの収益は

【図表6】SEI、米国小売業、S&P500構成企業の売上高成長率の比較

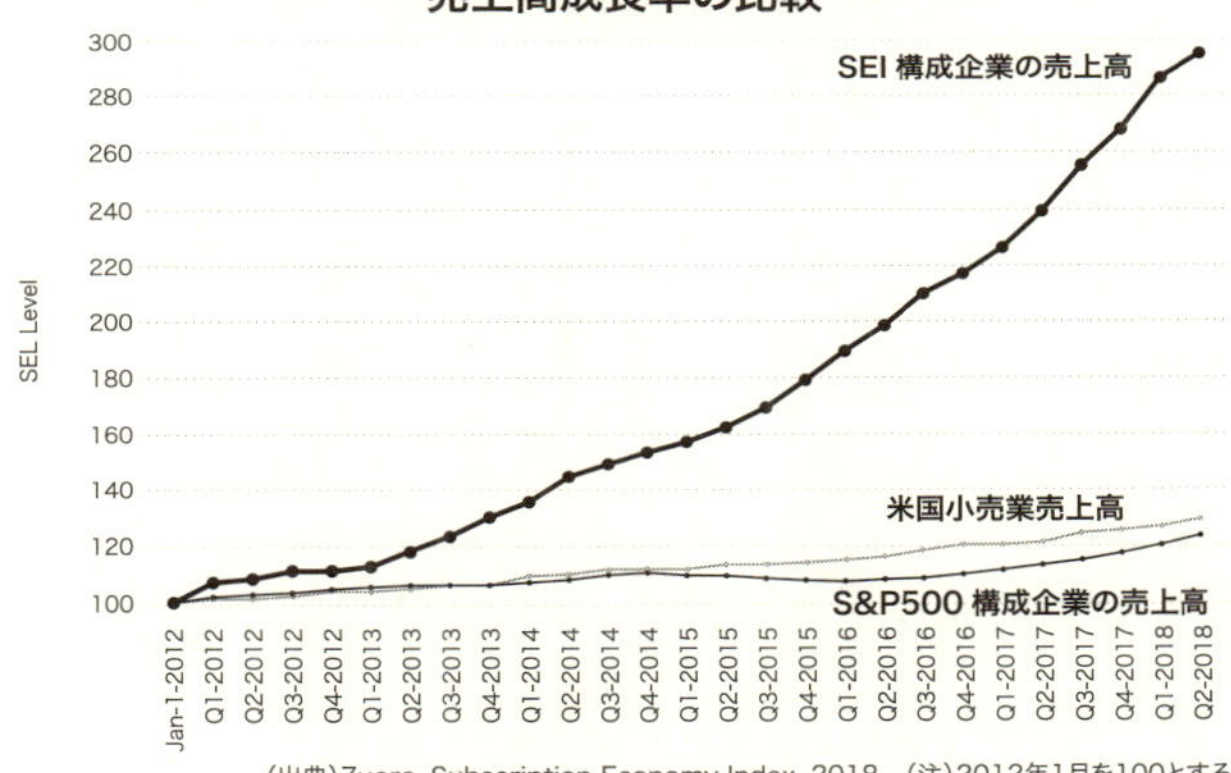

（出典）Zuora, Subscription Economy Index, 2018　（注）2012年1月を100とする

18・1%成長し、そのスピードはＳ＆Ｐ５００企業（３・３%）や米国小売業売上高（４・１%）のおよそ5倍に及んでいる。

・欧州の成長が北米を上回る。ＳＥＩのＥＭＥＡ（欧州、中東及びアフリカ）副指数の成長率は、ＦＴＳＥ（ロンドン）、ＣＡＣ（パリ）、ＤＡＸ（ベルリン）といった株式指標を構成する銘柄の成長率の6倍以上に及んでいる。

・新しくＳＥＩの対象となったＩｏＴが急成長。このＩｏＴ部門の成長率はＳＥＩの平均を上回り、２０１８年第２四半期を最終とする過去12ヶ月の年間成長率は25%となった。

一方、主要指標の成長率は21%であった。

【図表7】サブスクリプション・エコノミーにおける業界別成長率

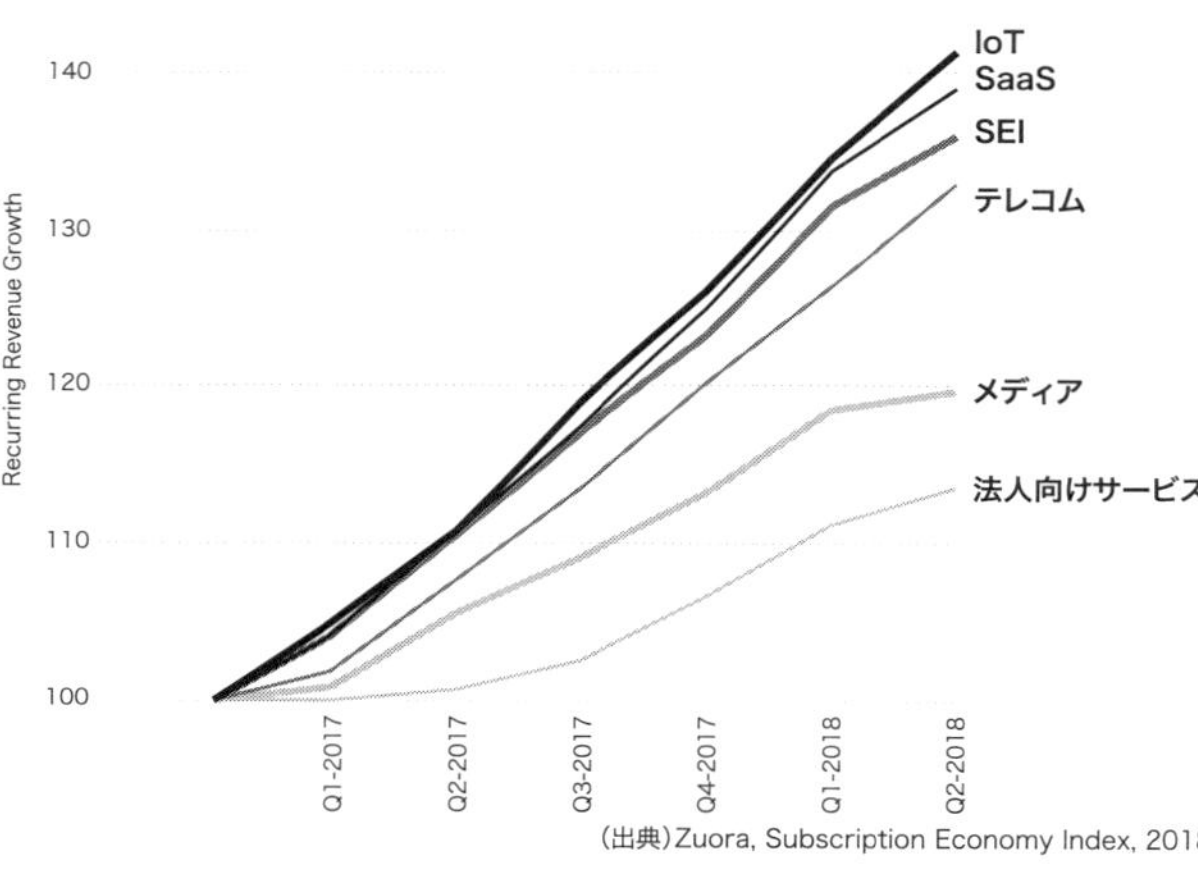

（出典）Zuora, Subscription Economy Index, 2018

この内容が示す通り、現在、サブスクのビジネスモデルを追求する企業が成長していることが分かります。対象分野の成長率には差があり（図表7）、また、市場動向の影響を受けることがありますが、サブスクによるリカーリング・レベニュー（継続的な収益）のモデルからは、安定的で予測可能な収益がもたらされるため、従来の製品サイクルの「急成長か急降下か」といった変動を大きく回避できることになるとズオラ社は分析しています。

また、ズオラ社は、「リカーリングレベニューベースのビジネスモデルは目新しいものではありませんが、クラウド対応の従量制サービスの普及により、最近になって急増しています。グローバル化によって製造や製品販売での利益を上げることが難しくなっている一方、サブスクリプションベースのビジネスは、予測可能で安定した収益予想、消費者との直接的なリレーションシップによるデータに基づく洞察、および固定費が比較的少ないことによる大きな『規模の経済』効果の恩恵を受けてきました」として、これまでのサブスクリプション・ベースのビジネスの成長過程を示しています。

このような方向性は現在も続いています。サブスクのビジネスモデルもしくはリカーリング・レベニューが得られるビジネスモデルを導入する企業が、多数現れているのです。拡大を続けるこのサブスクリプション・エコノミーの分野に、現在、ほぼ全ての業界が参入しています。米国の調査会社である Gartner 社が、２０２０年までに、80％以上のソフトウェア・プロバイダーが、サブスクリプション・ベースのビジネスに変わると予測しているように、既存のビジネスモデルが、サブスクのビジネスモデルに置き換わるような業界も出てくる可能性があります。

2. サブスクリプション・エコノミーを促進する要因とは？

現在、サブスクはさまざまな業界で取り入れられ、また、導入する対象分野も増え始めています。こうした現象は、事業者側、すなわち、経営者や企業家がサブスクのビジネスモデルに注目し、その特性を重視して事業や起業に取り入れているからですが、他方で、世の中の消費スタイルの仕組みが変わってきたこともまた、サブスクへの移行を促進している大きな要因として捉(とら)えることができます。

この消費スタイルの仕組みでまず重要なのは、「消費財のデジタル化」が進んだことです。音楽配信では、楽曲がＣＤという物理的メディアからＭＰ３というデジタルメディアへと移行し、映画配信では、映画そのものがビデオテープからＭＰ４へと移行しました。このように、消費財のデジタル化が可能になったことは、ユーザーへの配信方法や利用方法を大きく変えることになりました。既に楽曲や映画はストリーミング配信が当たり前になりましたし、オンラインゲームでは、世界中の人たちと対戦することが可能になりました。同時に、スマホやタブレットといったスマートデバイスが開発されたことで、配信チャネルが大いに拡大し、消費者へのリーチが一気に高まりました。こうした消費財のデジタル化に合わせて、従来のアラカルトからサブスクへの移行が進んでいるのです。

他方で、消費者の消費に対する「意識」や「価値観」が変わってきたことが、消費スタイルの仕組みを変えている大きな要因になっています。商品やサービスの多くの関連情報の中から、消費者自身が比較検討して購入するより、プロの目利きや信頼できる人に選んでもらう方が、間違いがないと考える消費者が増えています。また、買って所有するよりも、一定の金額を払って借りたりシェアしたりする方が良いという価値観が浸透しつつあります。

こうした意識や価値観の変化は、特にミレニアル世代に顕著な傾向として表れています。ミレニアル世代は１９８０年代から２０００年代初頭までに生まれた世代を指しますが、現在、この世代は、世界人口の約３割を占めるまでになっています。ミレニアル世代の最大の特徴は、不景気が当たり前という中で育ってきたので、他の世代と比べ消費に対して非常に厳格である点にあります。総務省が実施した「全国消費実態調査」では、ミレニアル世代に当たる30歳未満の勤労単身世帯の消費性向（所得に対する消費金額の割合）は、１９９９年の82・７％に対して、２０１４年には73・５％と15年間で10ポイント近く減少しています。

ミレニアル世代に見られるように、こうした消費者の意識や価値観の変化が、サブスクへの移行を後押ししているのです。

3. デジタル化と融合したサブスクとは？

それでは、デジタル化と融合したサブスクの事例について見ていくことにしましょう。PDF（ピーディーエフ）やアクロバット（Acrobat）と云えば、誰もが一度は耳にしたり利用したりした経験があるのではないでしょうか。PDFは、電子ファイルのフォーマットのひとつで、そのPDFを作成、編集、加工、管理するソフトウェアがアクロバットになります。PDFにしてもアクロバットにしても、今では、マイクロソフトやアップルのファイルソフトに組み込まれて利用できるようになっています。これらの製品を開発し提供しているアドビシステムズ社（アドビ）は、それまで成功していた売り切りのパッケージ・モデルからサブスクに移行して、低迷していた利用者数を飛躍的に伸ばし、マネタイズの構築に成功しました。

アドビは設立後間もなく、ハードウェア事業からソフトウェア事業に転換しています。当初は、ポストスクリプト（PostScript）というプログラミング言語をアップルにライセンス供与して、その使用料が収入の柱でした。その後、イラストレーター（Illustrator）を開発して、アプリケーションプログラムの販売に本格参入を果たしています。この製品は、印刷業界では一般的な製品として用いられており、イラスト制作を始め、広告や図面、ロゴなどをデザインする描画ツールソフトとして知られています。さらに、写真編集ができるフォトショップ（Photoshop）を開発して、イラストレーターと共に、デザインや印刷などの業界でデファクトスタンダード、つまり、事実上の標準の地位を築くことに成功します。

アドビは、こうした一連のデザインに関する製品を、後に開発したＰＤＦやアクロバットと統合して、２００３年に「クリエイティブ・スイート（CS：Creative Suite）」として発売します。ＣＳは売り切りのパッケージ・モデルとして、デザインのプロから一般の利用者に至るまで幅広く利用されるようになります。ＣＳのアップデートは、18ヶ月から24ヶ月の間隔で行われ、新たな機能の追加や品質が向上していったことから、利用者を徐々に増やしていきました。

２０１２年には、売り切りモデルであるＣＳに加え、新たにクリエイティブ・クラウド（CC：Creative Cloud）を導入します。ＣＣは、利用者が月々定額で利用料金を支払うことで、クラウド上でサービス提供してくれる方式です。

その後、アドビは、ＣＳとＣＣ、つまり、アラカルトとサブスクを並行してサービス提供を行うシステムを2年間続けた後、２０１３年に経営戦略の見直しを図ります。すなわち、それまで主力商品であったCSの廃止によるCCへの完全移行です。これは、アドビ社にとって、極めて重要な経営判断でした。なぜなら、当時CSの売上構成比は75・9%に達していたからです。また、粗利益率も9割を超えていました。それまで上手くいっていた売り切りのパッケージ・モデルをなぜ廃止するのか、サブスクへの移行はまさに大きな方向転換でありました。

それでは、アドビはどのようなビジネスモデルでサブスクへと移行したのでしょうか。アドビが導入したサブスクでは、基本的に、フォトグラフィックプランの他、ソフトウェア製品を単体で個別に契約できる単体プラン、全ての製品が利用できるコンプリートプランの3つの契約形態が用意されました。

コンプリートプランでは、個人の利用者は49・99ドル、法人顧客は69・99ドルに月額料金が設定されました。これは、売り切りモデルの販売価格である2599ドルに比べ、大きく値ごろ感のある価格設定でした。なぜなら、CSの価格は、個人であればCCの約4年3ヶ月分、法人であれば約3年1ヶ月分に相当し、CSのアップデートが、最長でも2年で行われることを考慮すれば、最新版を購入する個人利用者や法人顧客にとって、CCの価格設定は極めて割安であると言えるからです。

アドビ社は、ＣＣというサブスクへの完全移行により、利用者の数を大きく伸ばしました。２０１３年第１四半期には約48万人となり、２０１７年には１２００万人に達しています。これに比例して、収益も２０１３年の40・６億ドルから２０１７年には73億ドルと、１・８倍になっています。

このように、継続購入の増加は安定収入の確保と共に、収益の平準化を可能にしたわけですが、ソフトウェア業界では、サブスクがクラウドとセットで提供されることで、２つの効果が発揮されました。

１つ目はアップデートの期間短縮です。従来の18ヶ月から24ヶ月の期間では、ユーザーのニーズにタイムリーに対応することは不可能でした。しかし、収益の平準化により投資の原資に目途が立ち、クラウドでの配信が可能になったことから、スピーディかつ恒常的なアップデートだけでなく、新たな機能の開発や製品の提供もまた可能になりました。

２つ目は、逸失利益の回復です。売り切りのパッケージ・モデルによる従来型の提供では、海賊版の流出が深刻な問題でした。実際、当時の試算では、逸失額が約10億ドルにも達していたと言われています。しかし、サブスクリプションによる値ごろ感から価格に対するハードルが下がり購入し易くなったことに加え、クラウド配信による購入が可能になったことで、海賊版の利用は回避されるようになりました。

このように、アドビは、売り切りのパッケージ販売による永続ライセンスモデルから脱却しサブスクという安定した収益モデルへの転換を果たしました。実際、アドビの年間経常収益（ARR）、すなわち、毎年継続的に発生する収益（定期課金収益）は、２０１７年第３四半期には88％に達しています。サブスクがクラウドというデジタル化と結びつくことにより、顧客価値の新たなる創出が可能になったわけです。

4．シェアリング・サービスの基盤となるサブスク

近年、シェアリング・サービスが注目を集めるようになりました。シェアリング・サービスは、モノやサービス、場所などを大勢の人たちと共有したり交換したりする際の仲介を行うサービスですが、実は、サブスクのビジネスモデルとの親和性が高いのです。

シェアリング・サービスが一般的なサービスとして私たちの生活に浸透しつつある背景には、適切な料金でサービスや製品を利用できれば、消費者が必ずしも所有することに拘（こだわ）らなくなってきたという意識の変化があります。

こうした意識の変化は、技術の進歩にも関係しています。私たちが普段消費している楽

曲や映画、食品、洋服、パソコン、テレビ、自動車などは、次々と新作が生まれ新しいモデルが開発されています。そのスピードは年々速くなり、開発サイクルは短くなっていくので、古いものはすぐに陳腐化してしまいます。新しくて品質や性能の良いものを常に利用するためには、「所有する」消費スタイルはもはや合わなくなっているのです。

技術進歩のスピードが速くなったことにより、私たちの消費スタイルにも変化が求められています。アラカルトにより、一つひとつの商品やサービスを買って消費するスタイルは、もはや私たちの暮らしにとって非効率になっていると言えるのです。そこで注目されたのが、サブスクです。サブスクであれば、定額料金で、常に最新の製品やサービスを利用することができます。既に、音楽や映画の世界では、月額定額で聞き放題・見放題のサブスクが主流になっています。

他方で、サブスクを提供する側も、所有することが重要でなく非効率であることを十分に認識しています。世界最大の音楽ストリーミング会社であるスポティファイは楽曲を所有していませんし、最大の映像提供会社であるネットフリックスも、当初は映画やドラマを所有していませんでした。所有の代わりにアクセスして利用してもらうスタイルに切り替えたのです。これらのシェアリング・サービスを提供する事業者は、アクセスによるサブスクを採用することで、その恩恵に与っているのです。

これらのことから、シェアリング・サービスにとって、「アクセス」という概念がいかに重要であるかが理解できます。なぜなら、所有することよりもアクセスしてシェアやレンタルすることの方が、あらゆる意味で優れているからです。最新で品質の良い製品やサービスをリアルタイムでシェアしたりレンタルしたりすることができれば、所有する必要性はなくなります。

このように、「購入による所有」から「アクセスによるシェア」への転換は、私たちの消費行動における大きな潮流になりつつあります。サブスクは、まさにこの潮流の基盤になっているという点で大きな意味を持つのです。

5. シェアリングエコノミーの領域で最適とされるサブスクとは？

シェアリング・サービスをひとつの大きな経済活性化活動の潮流として捉えることで、「シェアリングエコノミー（共有経済）」の概念が生み出されました。実際、その潮流は拡大傾向にあります。矢野経済研究所が２０１８年９月に発表した調査結果では、シェアリングエコノミーの日本の市場規模（事業者売上高ベース）は、近年右肩上がりで、２０１

６年の５３９億円から２０１７年には７１６億円へと32％も伸びています。また、２０２２年には約１３８６億円に達すると予測しています。

経済活性化活動の視点で捉えると、「自分たちが使っていない資産、すなわち、遊休資産を活用したい」というニーズが、シェアリングエコノミーの基盤になっています。自家用車や自宅の一室、労働時間など、個人の空いている資産を集産したり協働したりすることで、新たな価値を見出すことができるのです。

従来の消費社会中心であった資本主義では、「モノを所有することは良いことである」の考え方が当たり前でした。シェアリングエコノミーは、この考え方を覆し、「共有」という考え方を基にして、新たな経済構造を構築しています。今では、所有から共有への移行が進み、多くのサービスが、共有することで価値を享受するシェアリング・サービスへの転換を果たしています。

それでは、このシェアリングエコノミーを牽引するサービスにはどのようなものがあるのか、見ていくことにしましょう。シェアリングエコノミー協会が２０１９年１月に公表した「シェアリングエコノミー領域map」では、シェアリングエコノミーを５つの領域に設定しています。

・シェア×空間：ホームシェア、駐車場、会議室
・シェア×モノ：フリマ、レンタル
・シェア×移動：カーシェア、ライドシェア、シェアサイクル
・シェア×スキル：家事、介護、育児、知識、料理、教育、観光
・シェア×お金：クラウドファンディング

まず、空間のシェアですが、これは、民泊といった宿泊施設や駐車場、会議室などを、使用していない空き時間を見つけて貸し出しするサービスです。仲介役となるプラットフォーム企業が存在し、空間の空き時間を利用者のニーズに合わせてマッチングしてくれます。宿泊料金や駐車料金などの使用料の支払いは、主にアラカルトが採られています。

しかしながら、宿泊施設のシェアでは、サブスク型のサービスも出始めています。ソーシャルメディア・ソーシャルメディアアプリ事業を展開するガイアックス社が2018年12月に、定額制で全国どこでも住み放題となる多拠点コリビング（co-living）サービスである「アドレス」を2019年4月から提供することを発表しています。アドレスは、日

本の将来的な少子高齢化と人口減少を見越して、移住ではなく都心部と地方が人口をシェアリングするような多拠点移住を実現するサービスで、利用したい期間だけ契約して月額最少額４万円を支払うサブスクの形態を採ります。月額４万円という料金設定が可能なのは、空き家や別荘を活用し家具やアメニティを共有することで、コストを抑えることができるからです。

２つ目のモノのシェアは、普段使用しなくなったモノや余ったモノを貸したり、販売したりするサービスです。服やバッグなどのファッションアイテムが主流になっています。プラットフォーム企業がフリマやレンタルの形態を採り、貸す側と借りる側のマッチングをしてくれます。支払いは、販売の場合にはアラカルトで行われますが、レンタルの場合にはアラカルトに加え、サブスクが採られています。サブスクの例としては、先述したラクサス・テクノロジーズ社が採用するラクサスがあり、個人が普段使わなくなった高級ハンドバッグをサブスクで提供して成功を収めています。

３つ目の移動のシェアは、自動車や自転車などを乗車していない空き時間に貸し出したり、あるいは、自動車の場合は、配車や乗り合い乗車（ライドシェア）をしてくれたりするサービスです。プラットフォーム企業が、乗車地や目的地に合わせて、提供者と利用者の最適なマッチングをしてくれます。プラットフォーム企業では、米国のウーバー社やリフト社、中国の滴滴出行（ディーディーチューシン）が市場シェアを伸ばしており、いずれも専用のアプリを使って、車の検索から支払決済まで全ての工程を一元的に管理してサービスを提供しています。乗車後の支払いは、従来アラカルトが採られていましたが、近年ではサブスクも試行されています。

例えば、ウーバー社は、２０１６年８月からサブスク型配車サービスである「ウーバー・プラス（Uber Plus）」のベータ版を米国の６都市（サンフランシスコ、シアトル、サンディエゴ、マイアミ、ボストン、ワシントンＤＣ）で開始しています。料金は地域によって異なりますが、月額20ドルで20回から40回の乗車が可能です。ウーバー・プラスは、「アマゾンプライム」からヒントを得たと言われており、月額の定額料金を支払うことで乗車料金を大幅に安くすることができるため、ヘビーユーザーにとってはかなり魅力的な料金システムになります。例えば、サンフランシスコでは、ライドシェアが１回３ドルで利用できる計算になり、コスト的には非常にお得になっています。

４つ目のスキルのシェアは、家事や介護、料理など個人が持っている得意分野や技能のシェアです。得意分野や技能の対象は、今では、育児や料理からＩＴ分野の技術提供に至るまで、さまざまな分野に及んでいます。仲介役としてプラットフォーム企業がスキルの提供者と利用者のマッチングをしてくれます。ひとつのタスクに個人のスキルを個々にもしくは複数で提供してモノを作るシステムを採ります。

複数で提供する場合、複数のスキルが集合して協働作業をしながら、ひとつのモノを作り上げることになります。この仕組みは、2つの考え方が基盤になっています。

1つ目は、いわゆるクラウドソーシングの考え方で、不特定多数の人に業務を細分化して委託し、その業務を完遂するというアプローチです。

2つ目は、いわゆる集産主義的な考え方によるアプローチです。つまり、生産手段として集団によるシェアを行うことで、協働作業としての生産効率を高めるのです。協働作業との親和性が高いソフトウェアのプログラム作成や翻訳作業などが実際にシェアされています。この場合、スキル提供者への支払いは、個々人の該当するタスクへの対価となりますので、アラカルトが基本となります。

最後に、お金のシェアです。これは、不特定多数の人から資金を集める仕組みで、代表的なのは、クラウドファンディングやソーシャルレンディングの形態です。クラウドファンディングは、スキルのシェアで挙げたクラウドソーシングの考え方が原点になっています。すなわち、個人が不特定多数の人から寄与を集めそれを利用することで目標に到達するというアプローチです。

クラウドファンディングでは、ネットを通じてできるだけ多くの人々に自分の事業アイディアに賛同してもらうことで個々に少額の資金提供をしてもらい、目標額に達した資金を使って事業アイディアを実現します。今では、個人の事業アイディアやプロジェクトに始まり、新製品の開発、ゲームなどのソフトウェア開発、映画などの芸術活動、防災などの支援活動など、幅広い分野への出資にクラウドファンディングは活用されています。資金提供した人たちは、開発された新製品を安く購入するなど、基本的に何らかの形でリターンを得ることができますが、寄付と言う形でリターンを求めない形態も存在します。お金のシェアでは、資金自体を提供するという形を採るので、アラカルトが基本になります。

このように見てくると、5つの領域のうち、空間のシェア、モノのシェア、移動のシェアの3つの領域で、既に支払い形態としてサブスクが採用されていることが分かります。このうちモノのシェアの領域で、今後、サブスクの導入が最も進むのではないかと考えられます。なぜなら、この領域では、服やバッグなどのファッションアイテムが主流になっていて、既にサブスクを導入してマネタイズが図られ実証されているからです。この視点から考えれば、空間のシェアや移動のシェアでも、ベータ版などでマネタイズが実証されることになれば、一気にサブスクの導入が進む可能性も否定できないでしょう。

6．プラットフォーム型事業を展開する企業の特性と行動戦略とは？

前節で言及したシェアリングエコノミーの5つの領域全てにおいて、プラットフォーム事業者が仲介役として登場しました。最近では、メディアやニュース媒体でも、プラットフォーム事業者という言葉が頻繁に使われるようになりました。単なる仲介役を意味するのであれば、仲介事業者と表現すれば十分ですが、敢えてプラットフォーム事業者と呼ぶのはなぜでしょうか。プラットフォーム事業者とは、どのような意味を持つのか見ていくことにしましょう。

プラットフォームは、リアルの世界で従来から存在していました。身近な例で云えば、アプリストアや地方物産展などがこれに当てはまります。アプリストアは、利用者とアプリ開発者を繋ぎますし、地方物産展は、売り手と買い手を引き合わせてくれます。いずれも、2つの異なるユーザーグループを繋ぐプラットフォームです。このプラットフォーム上では、2種類のユーザーグループが共に拡大するにつれて、価値も増大していきます。

例えば、地方物産展では売り手である地方の人気店が出店すればするほど、買い手であるお客さんが沢山押し寄せることになります。多くのお客さんが集まれば、さらにさまざまな人気店が出店するようになります。ネットワーク効果と呼ばれるこの現象こそが、プラットフォームが持つ最大の特徴になります。この点が、単なる仲介者とは異なる点です。

こうしたプラットフォームは、ＩＴ（情報技術）を活用することにより、以前に比べ簡単かつ容易に、しかも低コストで構築し拡大できるようになりました。これは、リアルとバーチャル、すなわち、ネット上のショッピングモールを考えれば、容易に理解できます。つまり、地元の商店街と楽天の違いです。

ＩＴを活用すれば、参入する際に生じる障害や摩擦なども回避でき、ネットワーク効果を高めることが可能です。加えて、ビッグデータを収集、交換、解析する能力も高まることから、プラットフォームに関わる全ての人たちにとって、プラットフォームの価値が増大することになります。それゆえ、プラットフォーム事業者は、このような高価値の取引場所を用意して、製品やサービスの作り手もしくは売り手と買い手を引き合わせることで、取引や協働、交流といったインタラクションを促進させているのです。

こうしたプラットフォーム型の事業で成功した具体例は、これまでに沢山存在します。

グーグルの検索サービス、フェイスブックのソーシャルネットワークサービス（ＳＮＳ）、アマゾンのマーケットプレイスサービス、アップルのアップストア、ウーバーのライドシェアサービス、エアビーアンドビーの民泊サービスなどです。これらのプラットフォームは、いずれも短期間で飛躍的な成長を遂げ、それぞれの分野で巨大企業としての優位性を築いています。

これらのプラットフォーム事業者は、以下の３つの戦略的なアプローチで、その生命線であるネットワーク効果が低減しないように努めています。

１つ目は、マッチングの質を常に高めることです。ウーバーは、利用者のニーズに沿うよう配車の検索結果を精緻（せいち）化するために、利用者の行動や表示内容の参照状況を常時モニタリングしています。利用者と配車側のニーズが合致しないとネットワーク効果が弱まってしまうので、マッチングの品質を維持することはとても重要になります。

２つ目は、プラットフォームを訪問する利用者の関与の度合いを把握することです。アマゾンは、マーケットプレイスの利用者の訪問頻度、購買商品、購入量などのデータを詳細に測定・分析して、関与の度合いを向上させる取り組みや施策の効果を始終把握しています。つまり、プラットフォーム事業者は、プラットフォームのビジネス・エコシステムに参加する人たち全てが、訪問頻度やコンテンツ閲覧履歴などネットワーク効果を高める行動をどの程度取っているかを常にトラッキング（追跡・探知）しているのです。

3つ目は、需要と供給のズレを無くすことです。このズレは、まさにネットワーク効果を低減させる方向に作用します。例えば、旅行者がエアビーアンドビーのアプリを立ち上げて、「利用可能な部屋はありません」という検索結果を受け取ったら、旅行者はどのような反応をするでしょうか。こうした結果を度々受け取った旅行者は、もはやエアビーアンドビーを利用しなくなります。その上、宿泊施設を提供する側も機会損失が増大することから、その宿泊施設の提供を辞めることになるので、結果的に、利用できる部屋の数は減っていくことになります。このような連鎖は、まさにネットワーク効果を弱めることに直結しますので、需要と供給のズレを無くすことは極めて重要になります。

プラットフォーム上でのネットワーク効果の増大により、より多くの参加者を集めることができれば、取引当たりの提供価値は平均すると高くなります。なぜなら、ネットワークの規模が大きくなればなるほど、需要と供給を合致させるためのデータが豊富となり、合致する精度がより高まるからです。このように、プラットフォームの経済効果を高める原動力は、需要サイドの規模の経済、すなわち、ネットワーク効果にあるのです。

7. ネットフリックスのＳＶＯＤ戦略とは？

21世紀に入ってからのＩＴ技術の進歩には、目を見張るものがあります。特に、デジタル化と自動化の波はさまざまな業界で猛威を振るい、資産や経営ノウハウを潤沢に保有する既存企業が、新興企業の後塵（こうじん）を拝すという事態に追い込まれています。タクシー業界では、既存企業がテクノロジーへの投資をどんなに増やしても、ウーバーの侵攻に歯止めをかけることができません。放送業界では、米国4大ネットワークに代表されるような名だたる放送局がドラマや番組を次々と制作しても、視聴率で猛追するネットフリックスになす術（すべ）がありません。自動車業界では、老舗（しにせ）メーカーがいかなる手を尽くしても、電気自動車の開発でテスラに後れを取る状況が続いています。なぜ、既存企業は、このような状態に追い込まれたのでしょうか。

既存企業の多くは、新興企業のように密接な顧客関係を構築し拡大する機会を十分に活用できていないというのが、ひとつの大きな理由です。ウーバーにしても、ネットフリックスにしても、顧客の嗜好（しこう）や利用パターンなどの情報を取得して解析するソフトウェアを活用し、顧客の生活や暮らしにリーチする能力が、ビジネスモデルの基盤になっています。

これまで実現できなかった密接な顧客関係を築くことができたのは、デジタル化により顧客に合わせて、提供物やサービスをパーソナライズすることができるようになったからです。

ネットフリックスは、このパーソナライズ化を、定額制・見放題による動画配信サービス、すなわち「サブスク型ビデオ・オン・デマンド（ＳＶＯＤ）」で実現しています。同社は、アプリを活用して、視聴者のあらゆる情報、すなわち、現在視聴している時間や場所、映画のカテゴリー、再生回数、視聴をやめたタイミングなどのデータをトラッキングして解析することで、視聴者の好みや関心を徹底的に把握しています。こうして得られた知識や情報を駆使して、視聴するタイミングに合わせてお薦めのコンテンツを表示したり、視聴者が気に入るコンテンツを新たに制作したりしているのです。

ネットフリックスが手掛けるＳＶＯＤは、主に映画やＴＶドラマ、ドキュメンタリーを対象にしています。これらのコンテンツは、テレビやスマホ、パソコン、タブレットで視聴が可能ですが、テレビではネットフリックス専用のボタンにより、また、スマホでは専用アプリにより、シンプルな操作が可能になっています。これに加え支払いもシンプルで、定額制による３つの月額料金プランからの選択が可能です（図表８）。

【図表８】SVODサービス比較

SVODサービス	コンテンツ数	プラン 画質・再生可能デバイス数	月額料金	無料期間
ネットフリックス	非公開	ベーシック:SD画質・１台	800円	30日間
		スタンダード:HD画質・２台	1,200円	
		プレミアム:UHD ４K画質・４台	1,800円	
Amazon プライム・ビデオ	非公開	４K画質・３台	500円 （年会費4,900円）	30日間
dTV	12万本以上	SD/HD/4K・1台	500円	31日間
Hulu	5万本以上	SD/HD/フルHD・1台	933円	14日間
U-NEXT	9万本以上	フルHD/4K・1台	1,990円	31日間
DAZN	10,000試合以上 スポーツコンテンツ	最大６台まで登録可能 ２台で同時視聴可能	1,750円	31日間
dアニメストア	2,800本以上	SD/HD/フルHD・1台	400円	31日間
ビデオパス	1万本以上	SD/HD・1台	562円	30日間

３つのプランは、画質と同時視聴が可能なデバイス数の違いで、ベーシック、スタンダード、プレミアムに分かれています。ベーシックはＳＤ画質で再生可能デバイスは１台まで、スタンダードはＨＤ画質で２台まで、プレミアムはＵＨＤ　４Ｋ画質で４台までと、それぞれに対応しています。

ネットフリックスは、この定額料金を最近頻繁に改定しています。２０１７年10月には、米国と欧州の一部の国（フランス、ドイツ、イギリス）で値上げをしましたし、２０１８年の改定では、米国で最上位プランのプレミアムを値上げしています。さらに、２０１９年１月にも、米国や、米ドルで請求している中南米・カリブ海市場において（メキシコとブラジルを除く)、各料金プランの値上げ幅が13%から18%になると発表しています。日本でも、2018年8月に3つのプランが23%から26%値上げされています。

こうした一連の料金改定の目的は、当然ながら、ネットフリックスが注力するオリジナルコンテンツ制作のための資金確保にあるわけですが、Amazon プライム・ビデオ(プライム・ビデオ)や Hulu だけでなく、Disney、AT&T/WarnerMedia、NBCUniversal などのコンテンツホルダーやTVネットワーク事業者といった競合他社も、オリジナルコンテンツを充実させています。これは、ユーザー獲得の競争軸が、料金から自社制作のオリジナルコンテンツへと移っている証左でもあります。これについては、次節で詳しく見ていきたいと思います。

このように、ネットフリックスは、パーソナライズ化をSVODで実現していますが、ウーバーもまた、デジタルにより顧客との密接な関係の構築を実現しています。

ウーバーは、顧客とタクシーの接点を求める解が、スマホのデジタル情報に存在することを十分に理解していました。すなわち、顧客がタクシーを利用したい「時間」と「場所」、タクシーの「現在位置」という3つの変数から、タクシーの顧客の居る場所までの「到着時間」が求められることから、ウーバーがなすべきことは、3つの変数を最適なタイミングで取得するというシンプルなものでした。ウーバーは、スマホへのアクセス権の確保によりこれを実現したことで、既存のタクシーよりも、より簡単で便利なユーザー体験を顧客に提供できるようになったわけです。ウーバーが成功したのは、タクシー利用情報を大量に収集して分析するといった大掛かりなことをする必要のないことを早くから見抜き、顧客から新たな方法で直接取得した情報を基に最適化を図った点にあるのです。

8．SVODの新たなる競争軸とは？

今や、スマホは人々の生活や暮らしの中で、最も身近で便利な高機能デバイスとなり、全てのデジタル情報の入り口として定着しています。その中で、毎月映画やTVドラマ、アニメなどを無制限に視聴できる定額制・見放題の動画配信サービスは、最も人気を集めているサービスのひとつになっています。SVODの市場では、既存のコンテンツではもはや差別化が図られないことから、オリジナルコンテンツの制作競争が激しくなっています。

GEM Partnersが2019年2月に発表した調査によると、2018年の日本の動画配信市場規模は2211億円で、その内訳は、SVODのシェアが市場全体の76・0％、レンタル型動画配信（ＴＶＯＤ）が13・5％、動画配信販売（ＥＳＴ）が10・6％となっています。日本の動画配信市場規模は、２０１８年から２０２３年にかけて年平均６・３％で成長し、２０２３年には、３０００億円まで拡大すると予測しています。

２０１８年のＳＶＯＤサービスの事業者別市場シェアを見ると、dTV（13・7％）が首位で、以下、Hulu（11・6％）、U-NEXT（11・1％）、DAZN（10・6％）、プライム・ビデオ（９・８％）、ネットフリックス（８・９％）と続きます（図表９）。殆ど（ほとん）の事業者が前年より市場シェアを落としているのに対して、ネットフリックス、DAZN、プライム・ビデオの３社が市場シェアを伸ばしています。この違いは、いかなる点にあるのでしょうか。

事業者ごとに比較したＳＶＯＤサービスの内容を見ると（図表８）、月額料金では、ネットフリックスとU-NEXT、DAZN、Hulu が高めに設定されていますが、その他のＳＶＯＤサービスは、５００円前後で殆ど変わりがないことから、ネットフリックス、DAZN、プライム・ビデオ３社の躍進の裏付けになるものでないことが分かります。DAZN はスポーツコンテンツ専用サービスであることから、特に、ネットフリックスとプライム・ビデオを料金プランで比較すると、プライム・ビデオが４Ｋ画質で再生可能デバイス数３台となっている点から、ネットフリックスのプレミアムプランに類する内容になっているこ

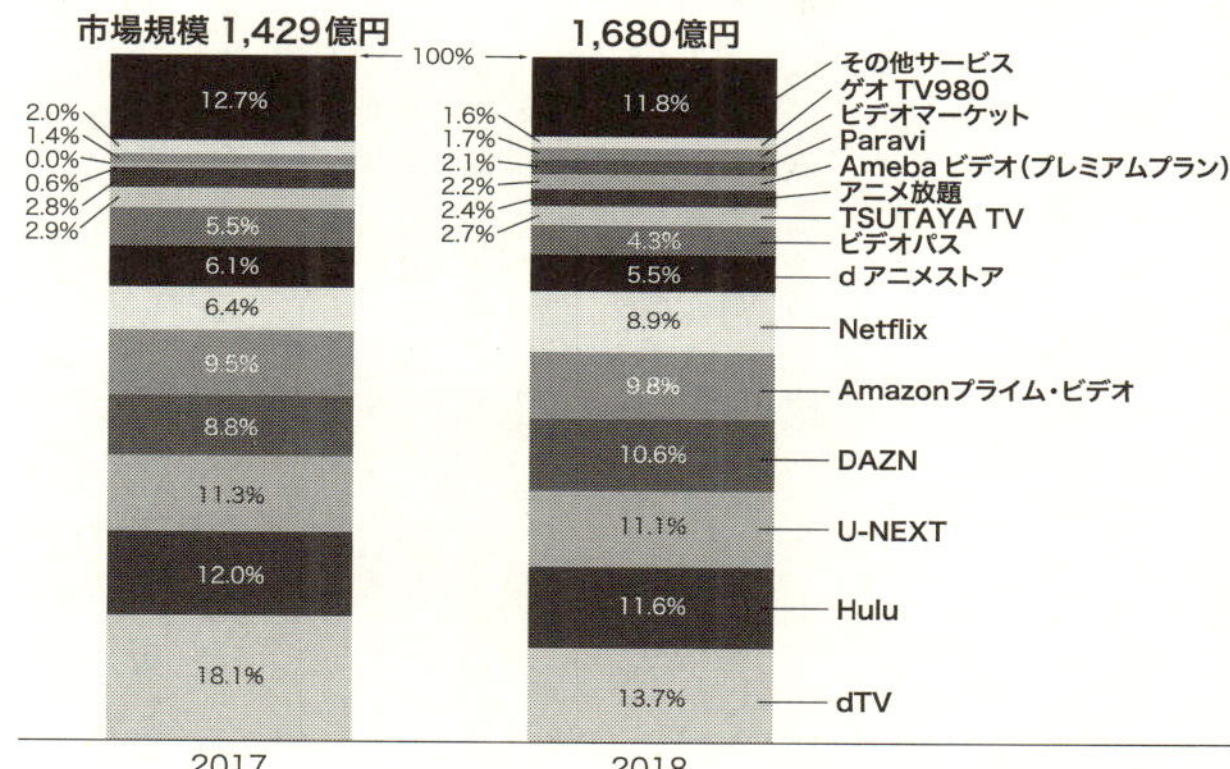

とが分かります。そのため、料金面で考えれば、プライム・ビデオの方がお得感が高いと言えます。ただ、両者の違いは、SVODサービス専業であるネットフリックスに対して、プライム・ビデオはプライム会員の特典としても機能することから、必ずしも収益を上げる必要性がないという点にあります。

　コンテンツ数では、一部非公開のサービスもありますが、市場シェアで首位を走るdTVの品揃えが豊富であることが一目瞭然です（図表8）。dTVは、作品数も多いですが、コンテンツの種類も豊富で、洋画、邦画、国内ドラマ、海外ドラマ、音楽、オリジナルなど、17のカテゴリーを用意して、視聴者が飽きることがないよう顧客維持管理を図っています。

他方で、プライム・ビデオやネットフリックスについては、コンテンツ数が非公開で比較対象にならないことから、オリジナルコンテンツ制作に焦点を当ててみると、両者とも非常に力を入れていることが分かります。

ネットフリックスは、当初既存のコンテンツのみでストリーミング配信を開始しましたが、その後、独占配信やオリジナルコンテンツの制作にも着手しました。特に、オリジナルコンテンツ制作において全米で話題となったのが、２０１３年に制作した『ハウス・オブ・カード　野望の階段』です。制作費に1億ドルもの巨額を投じたことに加え、1クール全話での一挙配信を行ったことが大きな話題となりました。それまで、ＴＶドラマの放送のように毎週1話ずつの配信が習慣化していた視聴者に新たな提案を示すことで、いわゆる「一気見」の視聴スタイルが取り入れられ社会現象にもなりました。この作品は、続いて制作された『オレンジ・イズ・ニュー・ブラック　塀の中の彼女たち』やドキュメンタリー映画である『ザ・スクエア』と共に、エミー賞を受賞しています。

また、２０１４年に公開された『ヴィルンガ』は第87回アカデミー賞の長編ドキュメンタリー賞にノミネートされていますし、２０１５年10月に配信されたネットフリックス初のドラマ映画『ビースト・オブ・ノー・ネーション』は、英国アカデミー賞を始め、ゴールデン・グローブ賞、ヴェネツィア国際映画祭のマルチェロ・マストロヤンニ賞などの賞を受賞、もしくはノミネートの獲得を果たしています。

このように、ネットフリックスは近年オリジナルコンテンツの制作に積極的に取り組んだことから、既に映像コンテンツ制作会社としての地位を確立しています。それもそのはずです。ネットフリックスがオリジナルコンテンツ制作に投じた費用は年を追うごとに増加していて、２０１６年の投資額50億ドルに続いて、２０１７年には60億ドル、２０１８年には１２０億ドルと伸びているのです。さらに、２０１９年には１５０億ドルまで拡大する見込みです。

このネットフリックスによるオリジナルコンテンツ投資は世界中に展開されており、今では、米国以外での制作が多数を占めるようになっています。また、配信先の国での視聴率も高くなっています。例えば、２０１７年にドイツで制作された『ダーク』は、ドイツ以外での視聴が90％を超えています。基本的に、ネットフリックスはオリジナルコンテンツ制作において、世界同時配信を目指しています。実際、吹替言語は24言語に上り１９０ヶ国以上で配信され、アクティブユーザー数は1億３９００万人に達しています。

他方で、プライム・ビデオも2013年に、ネットフリックスとほぼ時を同じくしてオリジナル作品の配信を始めています。ドラマでは、2015年に配信を開始した刑事ドラマ『ボッシュ』を始めとして、『ハンド・オブ・ゴッド』や『高い城の男』、『弁護士ビリー・マクブライド』、『スニーキー・ピート』、『パトリオット』、『ジャック・ライアン』、『ホームカミング』などを、また、コメディ作品では、2013年に配信を始めた『ベータス』を皮切りに、『アルファ・ハウス』、『トランスペアレント』、『モーツァルト・イン・ザ・ジャングル』、『レッド・オークス』、『ワン・ミシシッピ ～ママの生きた道、ワタシの生きる道～』、『マーベラス・ミセス・メイゼル』、『デンジャラス・ブック ～少年たちの危険な本～』、『フォーエバー ～人生の意味～』など、数多くのオリジナルコンテンツをこれまでに制作しています。中でも、2014年に制作したドラマ『トランスペアレント』は、ゴールデン・グローブ賞ミュージカル・コメディ部門の作品賞などを受賞しています。こうしたオリジナル作品を制作するために、アマゾンは2010年にアマゾン・スタジオを設立しています。

プライム・ビデオが米国以外で力を入れているのは日本市場で、日本国内でのオリジナルコンテンツ数は35作品以上と、米国に次いで2番目に多くなっています。日本市場で人気のジャンルは、アニメとバラエティ番組で、アマゾンが視聴顧客数に基づいて集計した「Prime Video-Prime 会員特典総合ランキング」の2018年上半期データでは、この2つのジャンルがトップ10を独占しています。プライム・ビデオは、こうしたオリジナルコンテンツの制作に2017年だけでも45億ドルを投資しています。

このようなオリジナルコンテンツ制作の取り組みは、他のSVODサービスにも見られますが、プライム・ビデオやネットフリックスの投資額は群を抜いています。2017年のプライム・ビデオの投資額（45億ドル）をネットフリックス（60億ドル）と比較すると、やや規模は小さいですが、いずれにしても巨額投資に変わりありません。

それでは、なぜ、プライム・ビデオやネットフリックスは、オリジナルコンテンツの制作に巨額投資をしてコンテンツを拡充するのでしょうか。これは、裏返すと両者がSVODサービスの市場シェアを伸ばしている大きな理由にもなっています。

その理由は、コンテンツ資産の投資回収期間を長く設定できる点にあります。これは、レコメンド機能とのシナジーにより、さらに効果を高めることができます。つまり、オリジナルコンテンツがストックとして増えれば増えるほど、ユーザーへのレコメンデーションの選択肢が増えることになります。特にコンテンツが自社制作によるオリジナルということになれば、競合他社との差別化が図られ、囲い込みという意味でリテンション効果が発揮されます。つまり、オリジナルコンテンツの完成度と数量で競合他社を圧倒することができるのです。

この点について、プライム・ビデオは、どちらかと言うと完成度よりもオリジナルコンテンツの数量を増やす投資戦略を採っています。一方ネットフリックスは、数量よりも世界的な映画祭の賞を取るといった完成度を高めることに力点を置いた投資戦略を採っています。いずれの戦略も、オリジナルコンテンツをストックして、レコメンド候補を増やすことで、ユーザーの利用率を高めるものです。究極的には、全てのコンテンツの中で、オリジナルコンテンツや独占配信の比率を限りなく高い数値に持っていくことが目標となります。

9. Amazon プライム・ビデオのコンテンツ戦略とは?

ＳＶＯＤサービスの日本市場で最もシェアを伸ばしているのがプライム・ビデオですが、２０１５年９月に日本でサービスを開始して以来、どのような戦略で日本市場を開拓してきたのでしょうか。

アマゾンと言えば、企業文化の代名詞になっているのが、「カスタマー・オブセッション（顧客を第一に考えること）」ですが、プライム・ビデオのコンテンツ戦略にも、その考え方が生かされています。それは、「ローカル」を重視する戦略です。すなわち、米国や日本など、それぞれの国の市場ニーズに合ったジャンルのオリジナルコンテンツを制作していくことで、顧客価値を高めるアプローチです。

このローカル重視の姿勢は、ネットフリックスが採用する全世界同時配信などの「グローバル」を重視する戦略とこれまで対比されてきましたが、プライム・ビデオのコンテンツ展開は、ローカルのみならず、最近では、グローバル展開も進められています。すなわち、ローカルの嗜好に合わせて制作したコンテンツの世界配信や、アマゾン・スタジオが制作するオリジナル作品、例えば、『ジャック・ライアン』や『グランド・ツアー』、『マーベラス・ミセス・メイゼル』といった作品の世界配信です。

日本市場では、公開1週間でそれまでのオリジナルコンテンツの最長視聴時間を塗り替えた『HITOSHI MATSUMOTO Presents ドキュメンタル』を始めとするオリジナルコンテンツの7作品が、2018年4月から世界200以上の国と地域でプライム会員向けに配信されています。また、インドやメキシコで制作されたオリジナル作品が世界市場で人気を集めるという現象も起きています。さらに、ローカルのオリジナル作品フォーマットを他国で採用する現象、すなわち、リメイクも展開されていて、『ドキュメンタル』は既にメキシコ版が制作され配信されています。

プライム・ビデオによるSVODサービスの基本戦略は、「フィフティー・フィフティー・アプローチ」の手法にあります。この手法は、興行収入や視聴率から予測して、多くの人が観たいと思っているものに焦点を当て、全体の50％をそうしたコンテンツに投資して、残りの50％を新しいもの、すなわち、従来無かったようなコンテンツの制作に投資するというアプローチです。新しいものに50％もの投資を行う理由は、アマゾンを利用する顧客が新たなコンテンツや他には無いものを期待していると想定しているからです。

それでは、プライム・ビデオが、従来無かったようなコンテンツ制作に投資して、次々と視聴時間の記録を塗り替えたり、高視聴率を叩き出せたりするのはなぜでしょうか。

元来アマゾンは、マーケットプレイスで得たDVDなどの販売履歴データを保有しています。よって、これまでに蓄積されたこうしたデータを踏まえて、視聴者のニーズを取り込んだドラマや映画の制作が可能になります。その上、CMも入らないため、広告主など第三者の意向を汲み入れる必要もありません。それゆえ、一連の制作プロセスを自社でコントロールできるため、実験的なコンテンツも制作できるというわけです。例えば、日本で2016年にプライム・ビデオオリジナル第1弾作品として配信された『仮面ライダーアマゾンズ』は、特撮物でありながら、現在、セカンドシーズンまで続く人気作となっています。

また、プライム・ビデオは、スポーツの放映権獲得にも莫大(ばくだい)な投資をしています。2017年には、米国で国民的スポーツとして人気の高いNFL（ナショナルフットボールリーグ）の2017年度シーズンのネット配信による放映権を獲得しています。年間10試合のみのリアルタイム中継契約ですが、現地報道では5000万ドルで落札したと言われています。前年度に同じ契約条件でツイッターが落札していますが、アマゾンが落札した額はツイッターの約5倍に相当します。配信するのは10試合なので、1試合当たりの放映権料は500万ドルにもなります。地上波やCATVでも放映され、独占配信でないことを考えると、これは破格の投資と言えます。現在、アマゾンは、NFLの他にも、MLB（メジャーリーグベースボール）やNBA（ナショナルバスケットボールアソシエーション）とネット配信による放映権の交渉を進めています。

こうした一連の動きから、アマゾンの「プライム・ビデオなら全ての人気コンテンツが観られる」という全方位戦略が窺えます。オリジナルコンテンツにしても、既存の人気コンテンツにしても、全ての分野でタイトルを網羅することで、顧客のあらゆる関心や興味に応え続けるのです。それは、まさに「カスタマー・オブセッション」の原理を追求しながら、顧客のライフスタイルに入り込むというしたたかな戦略なのです。

10. アマゾンプライムはどこまでスケールアウトするのか？

プライム・ビデオは、「ローカル」に加え「グローバル」も重視しながら、全方位戦略を採っていますが、このプライム・ビデオを包含するサブスクとして「アマゾンプライム」は、とりわけ戦略性に長けた存在として位置付けることができます。アマゾンプライムは、顧客価値を高めることで加入者を増やし続けると共に、社会現象にもなっている「アマゾンエフェクト（アマゾン効果）」の大きな要因のひとつになっています。

　アマゾンエフェクトとは、端的に言うと、グローバルレベルで起こっている経済秩序や産業構造、ビジネス・エコシステムなどの破壊や再編を指します。アマゾンエフェクトはこれまで、出版、小売、物流、コンピューター、映画、金融などあらゆる産業や分野に破壊や変革をもたらしてきました。例えば、出版業界には、デジタル化という変化をもたらしました。小売業界には、マーケットプレイスというプラットフォームを確立させました。物流業界には、自動化やパーソナル化により、オペレーションプロセスに新たな変革をもたらしました。コンピューター業界には、クラウド化の波を起こしました。その結果、どの業界でもアマゾンエフェクトにより、個々の企業が消滅に追いやられ、産業構造そのものが破壊されて新たな秩序が生み出されています。

アマゾンプライムには、さまざまな分野で多種多様な特典が用意されています。配送の分野では、最短2時間で商品が届く「プライムナウ」（一部エリアのみ）や「お急ぎ便」、「当日お急ぎ便」、「お届け日時指定便」、コンテンツでは、映画やTV番組、アニメが見放題の「プライム・ビデオ」や写真を容量無制限で保存できる「プライムフォト」、好みのツイッチチャンネルのスポンサー登録が1チャンネル分無料となる「ツイッチ・プライム」、キンドルでは、「1ヶ月1冊無料」、マーケットプレイスでは、タイムセールの商品を通常より30分早く注文が可能な「先行タイムセール」や、おむつやお尻拭きが15%割引となる「アマゾンファミリー」、さらには、食品や日用品など毎日使うモノを必要な分だけ購入できる「アマゾンパントリー」などです。

このように、アマゾンプライムには極めて豊富な特典が用意されているので、会員は、一度入会すると便利で居心地が良いため、脱会するきっかけを失ってしまいます。会員であれば、商品を買ってもタダですぐに配送してくれますし、必要な時にはいくらでも音楽を聴いたり映画を観たりすることができます。

それでは、アマゾンはどのようにして、このような仕組みを生み出したのでしょうか。その由来は、小売・卸売大手のコストコが採用する「会員制」に在ります。コストコは、会員制倉庫型店として既に認知されていますが、買い物をする際に、会員資格と年会費を必要とします。会員には年2回、専用の「パスポート」に加え、「ウォレット」と呼ばれるクーポンブックが送付されます。クーポン割引対象商品については、レジでの会計の際に自動的に割引が適用されます。コストコは、このような会員だけの特典を増やすことにより、自社へのロイヤリティの高い顧客を増やしているのです。アマゾンは、このコストコの会員制のノウハウをアマゾンプライムに取り入れました。実際、２００１年にジェフ・ベゾスがコストコの創業者であるジム・シネガルを訪問し、会員制サービスのノウハウについて教えを乞うています。コストコの会員制サービスからアマゾンは、小売業において顧客との継続的な関係を構築することが資産であり生命線であることを学んだのです。

アマゾンプライムは、サブスクとして多大な効果を発揮しています。米国の市場調査会社であるＣＩＲＰ（コンシューマー・インテリジェンス・リサーチ・パートナーズ）がまとめた最新レポートによると、米国でのプライム会員数は、２０１８年10～12月時点で１億１００万人に達しています。２０１３年10～12月時点の２６００万人と比較すると約４倍で、直近の３年間でもほぼ2倍の伸び率を達成しています。１億１００万人という数は、アマゾンの米国顧客全体の62％に相当します。つまり、概ね３人に２人はプライム会員というわけです。

プライム会員の年会費は前払いですので、現在の米国でのプライム会員年会費１１９ドルから試算すると、アマゾンに１年前に手元に入る額は、米国だけで１２０億ドル超になります。アマゾンはこの前受け金を利用して、プライム会員の特典の拡充は勿論、新たなテクノロジーなどの研究開発投資や、物流センターの効率化や最適化を図る大型投資など、機動的な経営を実現しているのです。

アマゾンプライムのプライシングにも戦略性の高さが窺えます。米国にアマゾンプライムを導入したのは２００５年２月ですが、当初は79ドルの年会費でした。特典も限定的で、翌日配送料金の割引や商品の２日後配送を追加料金無しで利用できるサービスのみと、配送分野に限られていました。その後、分野を広げ特典を徐々に増やしながら、年会費を増やしていくことに成功します。2014年には99ドルに値上げし、2018年5月には現在の119ドルまで引き上げています。どちらも20ドルという大幅な値上げですが、会員数は減少することなく、逆に右肩上がりで増加し続けています。米国での会員数が1億100万人という極めて高い規模に達しても、対前年伸び率10％増を維持しているのです。

なぜ、年会費を引き上げても、プライム会員数は増加するのでしょうか。「特典の数や内容」と「価格設定」との関係性から、割安感がその大きな要因となっているとの指摘もあります。2018年3月にJPモルガンが「プライム会員の価値」を数値化したのがそれです。JPモルガンは、プライム会員の価値は2017年から2018年の1年間で12％増加し、会員年会費119ドルは784ドルの価値に相当すると試算しています。784ドルの価値の内訳は、図表10の通りです。プライム会員の特典のうち、最も価値が高いのはプライムナウ（180ドル）で、以下、即日・翌日・2日便の無料配送サービス（125ドル）、プライム・ビデオ（120ドル）、キンドル・読み放題などのサービス（108ドル）、ツイッチ・プライム（108ドル）と続きます。この結果から読み取れるのは、さまざまな分野で特典が拡充されてその一つひとつが積み重なると、極めて高い顧客価値が創出されるということです。こうした割安感に加えて、会員全てのライフスタイルで生み

【図表10】アマゾンプライムの価値の試算結果

アマゾンプライムの構成要素	競合他社による類似サービスの提供内容 サービス名	料金	アマゾンプライムの価値の試算 年間	月間	2017年との価値の変化
❶ 即日、翌日・2日便無料配送サービス	ショップランナー シプト グーグル・エクスプレス ウォルマート	79ドル／年 99ドル／年　14ドル／月 非会員制、配送時間は任意で上限の設定なし 非会員制：2メートル以内の大きさの商品の2日配送無料	125ドル	10.42ドル	↑
❷ プライムナウ	ポストメイツ・アンリミテッド インスタカート・エクスプレス	83.99ドル／年　9.99ドル／月 149ドル／年　14.99ドル／月	180ドル	14.99ドル	↑
❸ プライム・ビデオ	ネットフリックス Hulu HBO Now ショウタイム	7.99ドル―13.99ドル／月 7.99ドル／月（広告あり）　11.99ドル／月（広告なし） 14ドル／月 10.99ドル／月（非プライム会員）	120ドル	9.99ドル	↑
❹ プライムミュージック	Spotify Premium アップルミュージック タイダル グーグルプレイミュージック Pandora Premium Amazonミュージックアンリミテッド	9.99ドル／月 9.99ドル／月 9.99ドル／月、：19.99ドル／月（ハイファイ） 9.99ドル／月 9.99ドル／月 9.99ドル／月（非プライム会員）	60ドル	4.99ドル	↓
❺ プライムフォト	iCloud Google フォト Google ドライブ Amazon ドライブ ドロップボックス フリッカー	5GBまで無料、50GBまで0.99ドル／月、200GBまで2.99ドル／月、2TBまで9.99ドル／月 写真及び動画の無料かつ容量無制限の保存（1,600万画素の写真と1,080pの動画） 15GBまで無料、100GBまで1.99ドル／月もしくは19.99ドル／年、1TBまで9.99ドル／月もしくは99.99ドル／年、2TBまで19.99ドル／月 5GBまで無料、100GBまで11.99ドル／年、1TBまで59.0ドル／年 2GBまで無料、1TBまで9.99ドル／月もしくは99ドル／年 1,000GBまで無料、有料プロプランは、5.99ドル／月もしくは49.99ドル／年	24ドル	1.99ドル	↔
❻ Kindle オーナーライブラリー、Amazon First Reads, Amazon プライムリーディング	キンドルアンリミテッド スクリブド	9.99ドル／月 8.99ドル／月	108ドル	8.99ドル	↔
❼ Audible Channels for Prime	Audible Channels Audible Gold	4.95ドル／月 14.95ドル／月　149.50ドル／年	59ドル	4.95ドル	↔
❽ ツイッチ Prime	ツイッチ ターボ ツイッチ チャンネルサブスクライブ	90セント／月 4.99ドル／月	108ドル	8.99ドル	↑
アマゾンプライムの価値の試算の合計			784ドル	65ドル	

出典：JPMe & company websites
注意：1）グレーの数値は評価価値のドライバーを示している。2）Select Prime の特典は特定地域の会員に限定される（例えば、即日無料配送は現在8,000都市で、プライムナウは32の米国の都市で利用できる。また、プライムナウによるホールフーズ・マーケットの配送は10都市で、Amazon Key In-Home & In-Car delivery は37都市及び周辺地域での利用が可能）

出されるニーズを満たすように特典を広げてさまざまな分野をカバーしながら、全方位的に会員をアマゾンプライムの中に閉じ込め続けるというわけです。

米国以外でプライム会員の年会費を見ると、英国が79ポンド（約1万1000円）で米国119ドル（約1万3000円）よりもやや低めに設定されています。また、ドイツは69ユーロ（8500円）と米国の3分の2弱で、日本は4900円と3分の1強の設定になっています。これら3ヶ国は、アマゾンの世界売上高でトップの米国に続く上位国に当たります。米国は、売上高2329億ドル（2018年）のうち、1601億ドルで全世界の69%を占めており、ドイツの198億ドル、英国の145億ドル、日本の138億ドルがこれに続きます。これら4ヶ国で、売上全体の9割を占めています。

ドイツ、日本、英国の3ヶ国で見た場合、現状では、英国の年会費が突出しています。人口（2017年）や1人当たりの名目GDP（2017年）から考えると、英国（人口：6600万人・1人当たりのGDP：3万9975ドル）は、既に頭打ちであることが分かります。それに比べて、ドイツ（人口：8200万人・1人当たりのGDP：4万4770ドル）や日本（人口：1億2600万人・1人当たりのGDP：3万8344ドル）は、まだまだ伸びしろがあると考えられます。

従って、アマゾンにしてみれば、会員数の増加と共に米国の年会費を段階的に引き上げたように、ドイツや日本の年会費もまた会員数の増加と共に、今後、まだまだ引き上げられると見ていると言えるでしょう。

第Ⅲ章　米国を席巻するサブスク・ボックスの波

——製品中心から顧客中心へ

1．米国で成長し続けるサブスク・エコノミーとは？

米国では、サブスクを利用する人たちが着実に増えています。それは、２０１８年2月に発表された米国調査会社マッキンゼー・アンド・カンパニーの調査に顕著に表れています。この調査は、米国在住の５０９３名に対するインタビュー形式で行われ、ＥＣ（電子商取引）型のサブスクを対象にしています。

まず、米国での過去12ヶ月のオンラインによるサブスクへの加入状況を見てみると、「サブスク・ボックス」には全体の15％が加入しており、「サブスク・メディア」に至っては、加入者が46％に達しています。これにより、ほぼ半数の人たちがサブスクを利用していることが分かります（図表11）。

ここで言うサブスク・ボックスとは、いわゆる「定期購入便」で、具体的には、毎年もしくは毎月定額料金を支払うと顧客の好みに合わせた商品が箱に入って定期的に届くサービスです。例えば、夕食の食材宅配をミールキットで提供するブルーエプロンや剃刀（かみそり）の宅配サービスを提供するダラーシェイブクラブ、化粧品や美容品といったコスメアイテムの宅配を行うイプシー、服のパーソナル・スタイリングサービスを提供するスティッチフィ

【図表11】過去12ヶ月のオンラインによるサブスク・サービス加入状況

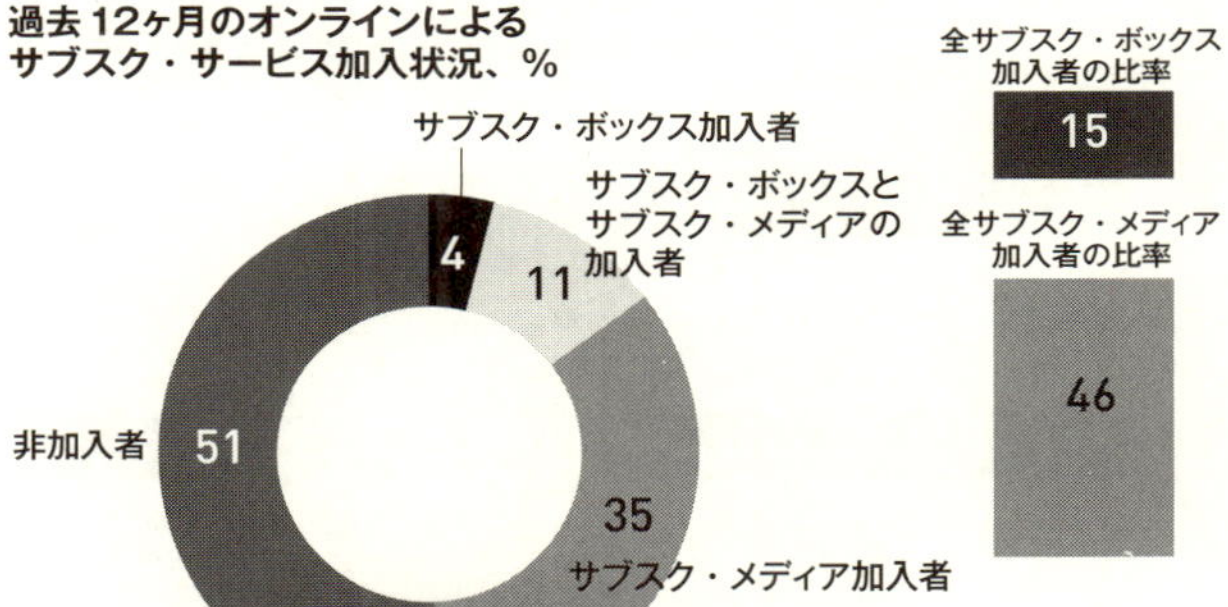

注：四捨五入のため、数値が100%にならない場合がある

(出典)McKinsey&Company, 2018年2月

ックスなどがあります。サブスク・ボックスでは、多くの場合、箱に入っている商品を一つひとつ購入するよりも安く手に入れることができるため、お得感があります。

また、サブスク・メディアは、定額支払いによるオンライン・ストリーミングサービスで、プライム・ビデオやクラスパス、Hulu、ネットフリックス、スポティファイなどのサービスが含まれます。クラスパスは、ジムと顧客を繋げるプラットフォームで、顧客が3つのタイプに設定された月極の定額料金を支払うと、クラスパスに参加する好みのジムの中から、毎月一定数のクラス（教室）に通えるシステムを採っています。例えば、ニューヨーク市の月額79ドルのタイプだと、4～10

【図表12】アクティブ・サブスク・ユーザーの状況

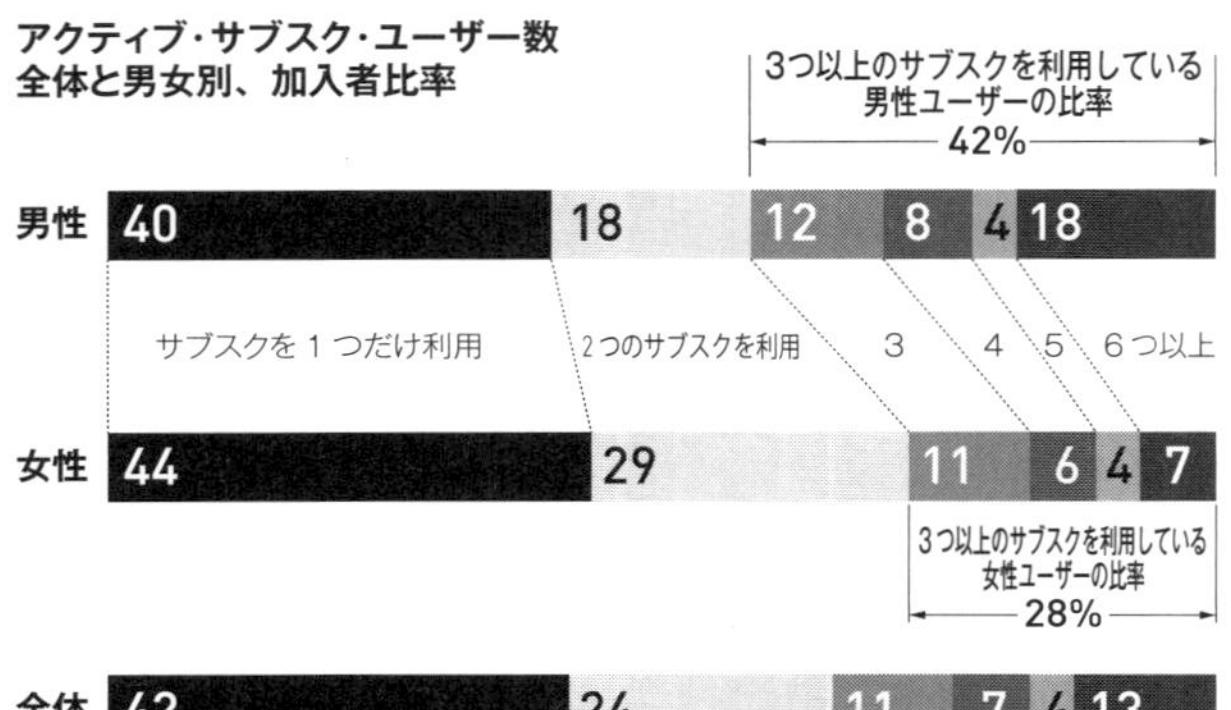

注：四捨五入のため、数値が100%にならない場合がある

（出典）McKinsey&Company, 2018年2月

クラスに通えます。ただし、都市によって月額料金とクラスの設定は異なります。顧客にとってはジムに通う出費が抑えられ、さまざまなジムの豊富なコンテンツへのアクセスが可能となります。一方でジム側もこのプラットフォームに参加することで、より多くの顧客に対してリーチが可能となり、各クラスで出る空き人数を埋め合わせたり、顧客を獲得するためのコストを大幅に削減したりすることができます。

　アクティブ・サブスク・ユーザーの状況を見てみると、3つ以上のサブスクを利用しているユーザーが、全体の35％を占めています（図表12）。この割合は特に、女性より男性の方が高く、男性の42％が3つ以上のサブスク

【図表13】EC型サブスクの分類と顧客価値による重要度

EC型サブスク、%		主要な顧客価値	内容	該当する企業
補充型サブスク	32%	時間とお金の節約	同じもしくは類似のものを補充してくれること 優先的なカテゴリーとしてはカミソリやビタミンといったコモディティ・アイテム	アマゾン定期おトク便やダラーシェイブクラブ、リチュアル
キュレーション型サブスク	55%	品数の豊富さによる驚き	異なるアイテムを選んで送ってくれるが、利用者の意向が反映される度合いはサブスクによって異なる 優先的なカテゴリーとしてはアパレルや食品、コスメアイテム	バーチボックスやブルーエプロン、スティッチフィックス
アクセス型サブスク	13%	利用者の価値はアクセスをするだけで生まれる	会員制によりアクセスすれば追加のVIP特典情報などを入手できる 優先的なカテゴリーとしてはアパレルや食品	ジャストファブやネイチャーボックス、スライブマーケット
	100%			

（出典）McKinsey&Company, 2018年2月

を利用しています。女性の28％に対して、実に１・５倍の数値になっていることが分かります。さらに、男性では、６つ以上のサービスを利用している人が18％にも上り、概ね５人に１人の割合になっています。男性が複数のサブスクを利用することで、店舗に行く手間を減らし時間を節約する傾向にあることが分かります。

全てのEC型サブスクを３つのカテゴリー、すなわち、「キュレーション（収集・整理）型サブスク」、「補充型サブスク」、「アクセス型サブスク」に分類して、それぞれの顧客価値を示したのが、「EC型サブスクの分類と顧客価値による重要度」（図表13）になります。

ここでは、２０１８年のサブスクで最も支

配的なカテゴリーが、キュレーション型サブスクであることが分かります。このタイプのサービスの主要な顧客価値は、「品数の豊富さによる驚き」であり、この価値の重要性はEC型サブスク全体の55%を占めています。主にアパレルや食品、コスメアイテムがこのカテゴリーに属します。

このカテゴリーでは、異なるアイテムを選んで送ってくれますが、利用者が決められるレベル、すなわち、利用者の意向や嗜好がどのくらい反映されているかは、サブスクによって異なります。例えば、バーチボックスは、予めコスメアイテムの好みや習慣を利用者に訊いて、それに沿ったコスメサンプルを送りますが、利用者の嗜好や意向が１００％反映できているとは限りません。

一方で、ブルーエプロンは５００～７００あるメニューの中から、気に入ったメニューを選んで送ってもらうことができるので、利用者の嗜好や意向が概ね反映されていると言えます。化粧品サンプルサービスのバーチボックスやブルーエプロン、スティッチフィックスといったサービスがこのカテゴリーの代表例になります。

キュレーション型サブスクに続くのが、補充型サブスクです。このカテゴリーにおける主要な顧客価値は、「時間とお金の節約」であり、ECタイプのサブスク全体の32%を占めています。剃刀やビタミンといったコモディティ・アイテムにおいて、同じもしくは類似のものを補充してくれることで、時間と料金の両面で顧客価値を創出してくれるのです。アマゾン定期おトク便やダラーシェイブクラブ、マルチビタミンの定額サービスであるリチュアルが代表例です。

３つ目のカテゴリーが、アクセス型サブスクです。このカテゴリーにおける利用者の価値は、アクセスをするだけで生まれます。つまり、そのサイトに訪問すればするほど価値が高まるのです。それゆえ、基本的には、会員制を採用しています。会員になれば、割引価格が適用されるのは勿論（もちろん）、時期や条件に応じてさまざまな特典が用意されています。主にアパレルや食品がこのカテゴリーに属し、入手困難なファッションアイテムを提供するジャストファブや、健康に良い菓子に特化した定期販売サイトであるネイチャーボックス、オーガニック専門のサブスク型オンラインスーパーであるスライブマーケットといったサービスが該当します。

最も人気のあるサブスク・サイトでは、アマゾン定期おトク便、ダラーシェイブクラブ、イプシー、ブルーエプロン、バーチボックスがトップ5となっています（図表14）。アマゾン定期おトク便とダラーシェイブクラブといった上位２つのサービスは、３位以下に続

【図表14】米国で最も人気のあるサブスク・サイトベスト10

女性	全体	男性
アマゾン定期おトク便	1位 アマゾン定期おトク便	ダラーシェイブクラブ
ダラーシェイブクラブ	2位 ダラーシェイブクラブ	アマゾン定期おトク便
イプシー	3位 イプシー	ハリーズ
バーチボックス	4位 ブルーエプロン	ブルーエプロン
セフォラ	5位 バーチボックス	バークボックス
ジャストファブ	6位 セフォラ	ルートクレイト
ブルーエプロン	7位 ハリーズ	バーチボックス
バークボックス	8位 バークボックス	ハローフレッシュ
スティッチフィックス	9位 ジャストファブ	ホームシェフ
アドアミー / シューダズル	10位 ハローフレッシュ	インスタカート

（出典）McKinsey&Company, 2018年2月

くサブスク型サービスと加入者数でほぼ2倍の差がついています。価格を抑えることと店舗に行く手間を減らし時間を節約することの2つは、今日、補充型サブスクを選ぶ人が増える推進力になっています。そのため、サブスクの利用者は、収入と時間の両面で自由度が高くなり、平均よりも余裕のある生活を送ることができるのです。バーチボックスやダラーシェイブクラブ、イプシーを含む最も人気のあるサブスクの多くが、月額料金を10ドルもしくはそれ以下に設定しています。また、ブルーエプロンやスティッチフィックスは、比較的高い料金構造を既に構築していることから、1人当たりの顧客注文が少額でも高い売上高を生み出すことが可能です。例えば、

【図表15】サブスクを始める最も重要なきっかけ

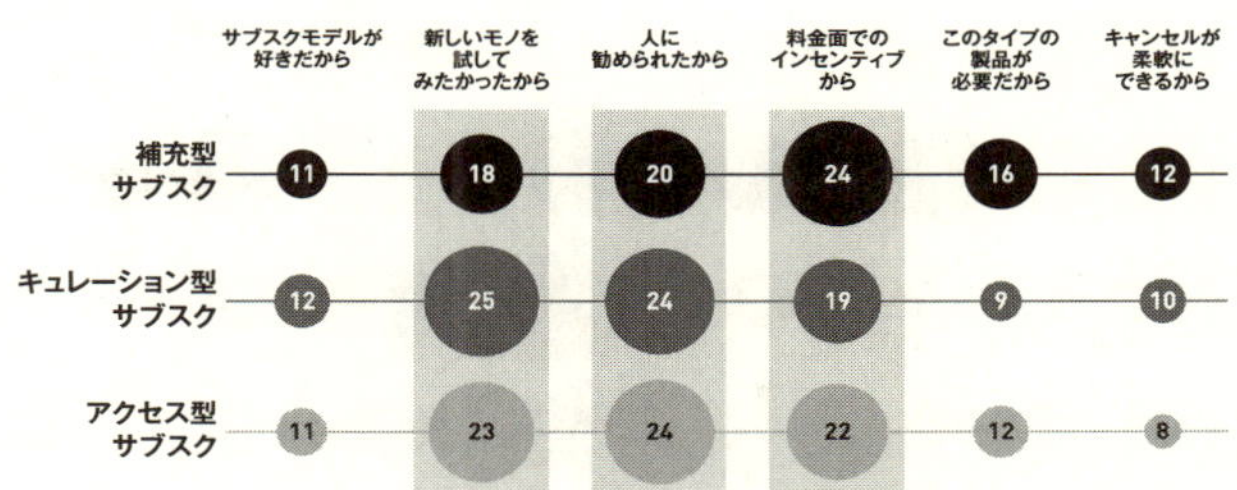

（出典）McKinsey&Company, 2018年2月

２０１８年の第４四半期におけるブルーエプロンの１オーダーの平均単価は58・12ドルですが、平均顧客売上は２５２ドルに達しています。

図表15から図表17は、サブスクを始めるきっかけ、使い続ける理由、解約したくなる要因をそれぞれ示しています。この中で特に注目されるのが使い続ける理由で、特徴のある結果が出ています。アクセス型サブスクとキュレーション型サブスクでは、優れた「パーソナライズ体験」が28％で、サブスク継続理由の第１位になっています。他方で補充型サブスクでは、「金額に見合う価値」（23％）や「パーソナライズ体験」（22％）を抑えて、「利便性」（24％）が最も重要で考慮すべき継

【図表16】サブスクを利用し続ける最も重要な理由

回答率 %

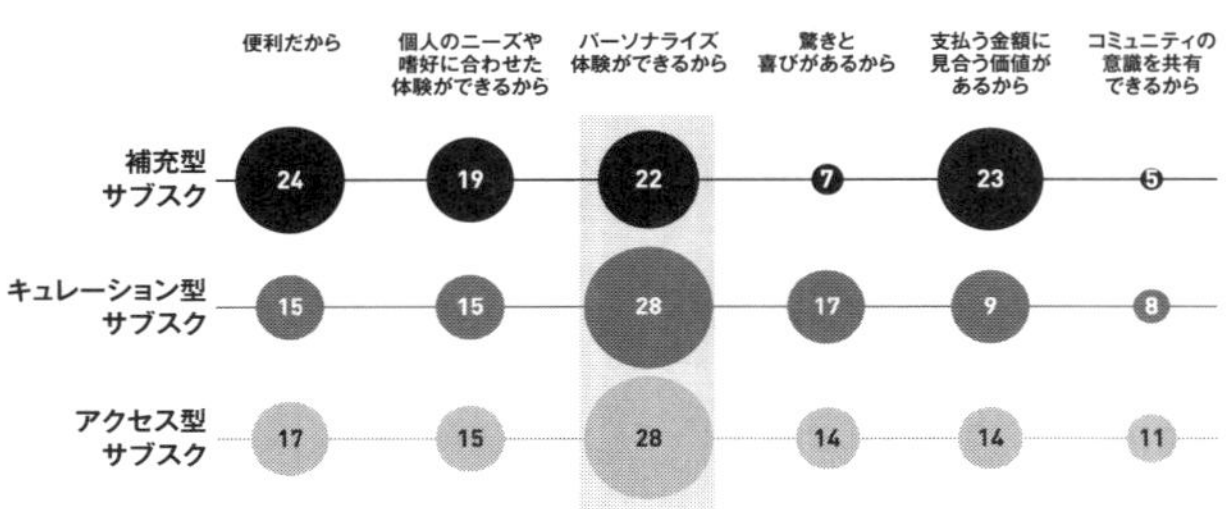

（出典）McKinsey&Company, 2018年2月

【図表17】サブスクを解約したくなる最も重要な要因

回答率 %

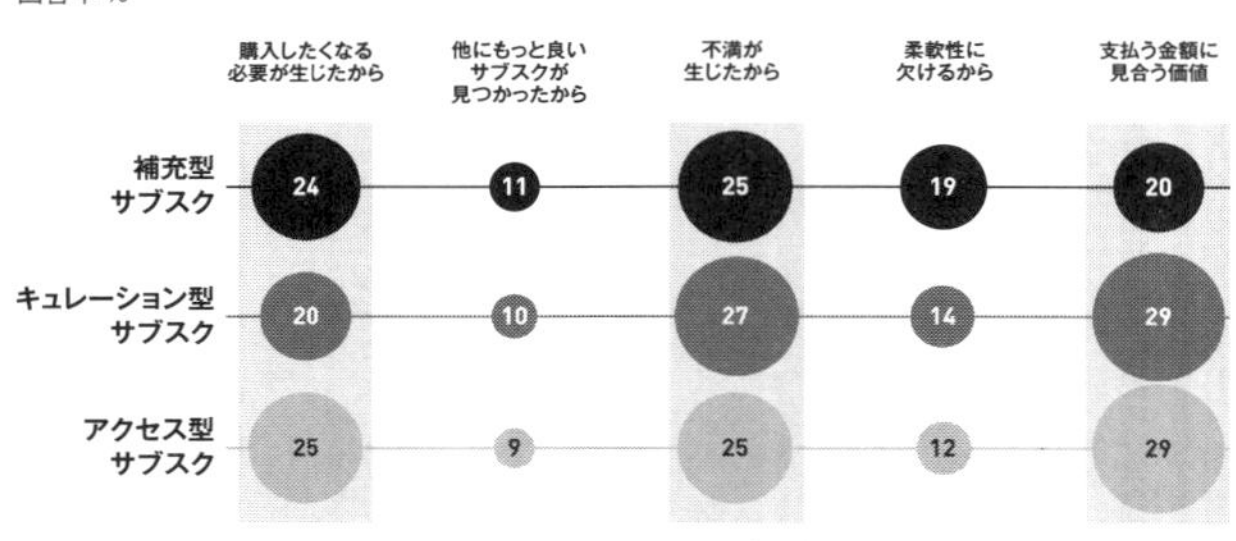

（出典）McKinsey&Company, 2018年2月

続理由となっています。また、サブスクのチャーン・レートが高い結果から、利用者は、より優れたユーザー体験を提供してくれないサービスを即座に解約してしまうことが分かります。

2. 米国で人気の高いミールキットサブスクとは？

マッキンゼー・アンド・カンパニーの調査では、最も人気のあるトップ5のサブスク・サイトは、アマゾン定期おトク便、ダラーシェイブクラブ、イプシー、ブルーエプロン、バーチボックスという結果でした（図表14）。それでは、その人気の秘密はどこにあるのでしょうか。

ブルーエプロンは、サブスク型ビジネスの中でミールキットの最大手に位置付けられています。ミールキットとは、生鮮食料品をレシピと共に定期的に宅配してくれるサービスです。利用者は、ミールキットのウェブサイトにアクセスし、まず、家族の人数や1週間に自宅で料理を作りたい回数など宅配に必要となる基本的なデータを入力します。そのデータに従って、ミールキット企業は、献立を自動的に選んで届けてくれます。ベジタリアンなどの特別なニーズにも対応してくれます。

ブルーエプロンでは、常に新しいレシピが用意されていて、高級感のある料理が作れるようになっています。どのメニューも料理を作る時間が短くて20分、長いものだと45分と、平均で35分ほどに設定されています。ウェブ上では、メニューごとに、料理時間、食事人数、カロリー、材料、調理手順などが見られるようになっています。基本的なプランは、「2食分プラン」と「家族4食分プラン」の2種類が用意されています。1食分の値段の上限が9・99ドルになっているので、家庭で作るには割高感が否めませんが、高級感のある料理が「自炊と外食の中間」の料金設定で楽しめることを考えれば、妥当な値段であるとも言えます。

ウェブでメニューを選択すると、ブルーエプロンの箱が無料で宅配されます。箱の中身は、「美味しい、シェフ考案によるオリジナルレシピ」、「信頼できる仕入先から入手した高品質な厳選食材」、「完璧な計量で食材の無駄が出ない」、「リサイクル可能なアイスパックと包装」の4つであるとブルーエプロンのサイトで示されています。

1つ目の「美味しい、シェフ考案によるオリジナルレシピ」では、米国では馴染みの薄い食材や料理なども登場しますが、それらに関する知識や調理方法も分かり易く詳細に説明されています。

2つ目の「信頼できる仕入先から入手した高品質な厳選食材」では、ブルーエプロンが中間業者を介さず、農家などの食材ベンダーから独自の集荷販売網（全米の人口の99％をカバー）で直接購入するため、安全性や新鮮さが常に担保されています。

3つ目の「完璧な計量で食材の無駄が出ない」点については、野菜や肉といった食材から調味料に至るまで、1回の料理に必要な量に合わせて予め分量が正確に量ってあるので、無駄になる食材が出ないようになっています。ただ、ブルーエプロンでは、食材がカットされて下ごしらえされていることはなく丸ごと届きます。これは、ブルーエプロンが、「夫（妻）や家族と一緒に料理作りを気楽に楽しみたい」といった考えのもとに、料理作りに比重を置いているからです。買い物やレシピ作りに時間を割いたりする手間を省く代わりに、高級感のある料理を自分たちの手でシェフ顔負けに仕上げる時間を充実させることで、達成感というパーソナライズ体験を積み重ねていくのです。

4つ目の「リサイクル可能なアイスパックと包装」では、食材がこれらのパックや包装によりしっかりと保護されているので、宅配の際に玄関先に置かれていても腐ることは勿論、品質が落ちることが無いということです。利用者は箱を受け取ったら、中身を冷蔵庫へ移すだけで良いのです。

【図表18】ブルーエプロンの顧客数の推移 単位:万人

区分	2016年	2017年	2018年
第1四半期	64.9	103.6	78.6
第2四半期	76.6	94.3	71.7
第3四半期	90.7	85.6	78.6
第4四半期	87.9	74.6	55.7

(出典)Blue Apron. Press Release

3. ミールキットサブスクの成長戦略とは?

ブルーエプロンは、2012年8月にニューヨークで設立して以来、顧客数を着実に増やしてきましたが、2017年の第1四半期の103・6万人をピークに最近では減少傾向にあります(図表18)。その理由のひとつは、2017年6月のIPO(新規株式公開)で、値決めが当初予定の20ドルから10ドルへと大幅に下回ったことから、マーケティング費用が抑えられ新規顧客獲得が鈍化したことです。これに加え、高級感や美味しさで顧客満足度がどんなに高くても、週に何度もクッキングするのは骨が折れるので頻繁にはできないという人たちが、ミールキットをし

【図表19】ブルーエプロンの顧客の年齢別割合

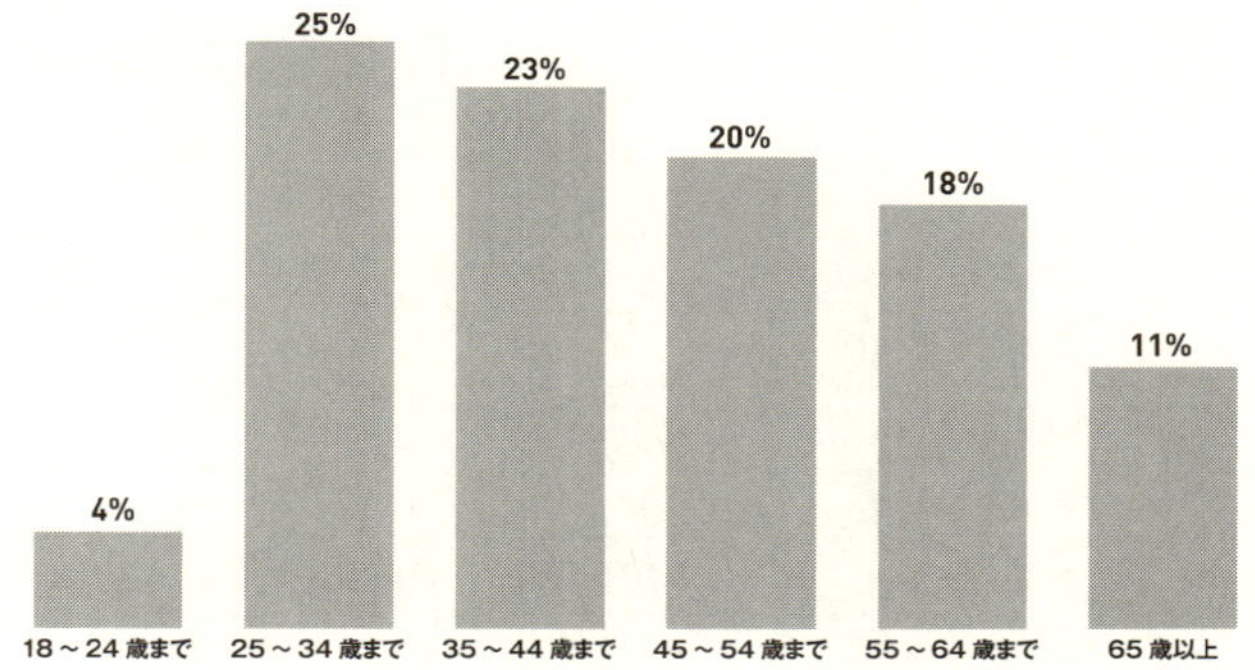

（出典）Blue Apron. Annual report

ばらく試すと、解約してしまうことも要因になっています。２０１８年12月の時点で、顧客数は55・7万人まで減少しています（図表18）。

それでは、ブルーエプロンの顧客の年齢構成はどのようになっているのでしょうか。図表19は、ブルーエプロンが２０１８年のアニュアル・レポートで示した調査結果で１２４３名の回答を基に集計したものです。この図から、社会人のあらゆる年齢層が、ブルーエプロンの顧客になっていることが分かります。どの年齢層からも取りこぼしがなく、顧客を獲得できるというのは、ブルーエプロンの強みのひとつと言えます。

また、家庭でも高級感のある料理を作って

【図表20】ブルーエプロンの主要指標の推移

指標	2016年	2017年	2018年
オーダー数(万人)	367.4	319.6	241.8
1オーダーの平均単価(ドル)	58.78	57.99	58.12
平均顧客売上(ドル)	246	248	252
1顧客当たりの平均オーダー数(回)	4.2	4.3	4.3
顧客数(万人)	87.9	74.6	55.7
売上原価率(%)	67.0	71.2	64.9
売上高(ドル)	7億9,542万	8億8,119万	6億6,710万
最終損益(ドル)	-5,489万	-2億1,014万	-1億2,215万

(出典)Blue Apron. Press Release

楽しめるというコンセプトから、ブルーエプロンは、競合他社に比べ売上原価率が高くなっています。２０１８年の売上原価率は64・9％で、２０１７年の71・2％に比べると6％ほど改善されています（図表20）。これに比例するかのように、純損失も、２０１７年の２億１０００万ドルから２０１８年の１億２２００万ドルへと、赤字幅が縮小しています。

ミールキット市場は、近年競争が激しくなっています。既に、アマゾンやウォルマートといった小売企業も独自のミールキットを小売展開しています。これに負けじと、ブルーエプロンのミールキットもコストコでの購入が可能となり、小売りにも注力しています。

そのきっかけとなったのが、競合のハローフレッシュによるグリーンシェフの買収（2018年3月）です。ベルリンに本社を構えるハローフレッシュは、欧州市場を足掛かりに顧客数を増やし、その数は150万人に達しています。この買収により米国進出を果たしたことで、米国での市場シェアも36％に伸ばしています。小売店舗でのミールキット販売も既に欧州でテストマーケティング済みで、ハローフレッシュによる攻勢は激しさを増すばかりです。ハローフレッシュの他にも、米国では、有名シェフの監修を謳い文句にしているマーサ&マーレイスプーンなど20以上の競合がミールキット市場に参入しています。

それでは、このような競争環境下で生き残るためには、いかなる成長戦略が必要なのでしょうか。各社ともより多くの顧客を獲得するために、独自の成長戦略を打ち出しています。例えば、マーサ&マーレイスプーンは、広告に頼らない成長戦略を展開しています。有名シェフ監修によるオリジナルレシピで独自ブランドの構築を図る一方で、3回以上オーダーした顧客を優良顧客と位置付け、初回割引クーポンを友人へ送れるという特典を与えることで潜在顧客の獲得を試みています。有名シェフ監修のオリジナルレシピを体験して、楽しさや充実感を味わった人たちが、他の人たちにそのパーソナライズ体験を口コミで伝えていくのです。こうした口コミによる効果は、広告による宣伝効果よりも高いため、マーサ&マーレイスプーンは巨額の広告費を投じることなく、米国のミールキット市場でトップ10に入るシェアを獲得しているのです。このように、オリジナルレシピによる独自ブランドの構築とパーソナライズ体験の効果の2つが、マーサ&マーレイスプーンの成長を後押しする基盤となっているのです。

4．ビューティー・プロファイルが導線となるイプシーの戦略とは？

先述したマッキンゼー・アンド・カンパニーの調査では、米国で最も人気のあるサブスクのトップ5に、イプシーとバーチボックスがランクインしていましたが（図表14）、この2社はいずれも、化粧品や美容品といったコスメアイテムの宅配を行うサブスクです。

イプシーが販売する「Glam Bag」と呼ばれるポーチ（サブスク・ボックス）には、最新の化粧品アイテムが入っています。アイテム数は毎回5つ前後で、大きさはサンプル・サイズ、デラックス・サンプル・サイズ、フルサイズの3種類が用意されていて、毎月中身は変わります。顧客ごとに「ビューティー・プロファイル」を作成して、それを基にアイテムが決まるので、中身は顧客ごとに異なります。この点について、イプシーのホームページでは、「イプシーは、ビューティー・プロファイルにより、お客様ごとにカスタマイズを試みます。時折、お客様からレビューやフィードバックを受けるようにしていますが、お客様が必ず好みに合ったアイテムを受け取れるという保証はできません」として、顧客ごとにカスタマイズを試みる意向を示しています。

ビューティー・プロファイルは12の質問で構成されています。すなわち、「肌の色は？」（回答を6色から選択）、「目の色は？」（8色から選択）、「髪の色は？」（8色から選択）、「メイクアップをする際に居心地の良いのは？」（3種類の椅子から選択）、「お気に入りのビューティー・ブランドはどれ？」（40ブランドから複数選択）、「メイクアップ・アイテムを受け取る頻度は？」（18アイテムについて頻繁、時々、まれの3つから選択）、「スキンケア、ヘアケア、ネイルケアそれぞれのアイテムを受け取る頻度は？」（20アイテムについて頻繁、時々、まれの3つから選択）、「シェードを受け取る頻度は？」（アイシャドー6種類、アイライナー5種類、リップ4種類、ネイルポリッシュ6種類、ブラッシュ5種類について頻繁、時々、まれの3つから選択）、「香りの好みは？」（5種類から選択）、「ビューティー・アイテムを買うお店は？」（10ショップから選択）、「お肌の悩みは何？」（6つの症状から選択）、「髪型は？」（5種類から選択）といった質問です。

イプシーのサブスクには、月会員と年間会員の2種類の会員システムが用意されています。月会員は月額20ドル、年間会員は年額110ドルに設定され、月1回の頻度でGlam Bagを受け取ることができます。米国内なら配送料は無料で、カナダ在住の場合は、4・95ドルの配送料が加算されます。

イプシーは現在、米国を中心にサブスクを展開しており、カナダにも市場を広げています。ユーザー数は既に150万人に達し、米国では最も人気のあるサブスク・ボックスのひとつに成長しています。イプシーを使えば、化粧品を買わなくて済むし、旅行に便利といった利用者が急増しているのです。それでは、イプシーの人気の秘密はどこにあるのでしょうか。

Glam Bagのメリットは、「ブランド・アイテムがカスタマイズされていること」と「複数のブランド・アイテムを同時に試せること」の2つに集約されます。これらのメリットに見合うのは、既に色々なコスメアイテムを試した人たちではなく、これからさまざまなアイテムを試したいと考えている人たちです。それゆえ、イプシーのターゲット層は経験豊富な年配者ではなく、未経験のコスメブランドを多く持つ若い女性たちになります。この若い人たちをいかにして取り込むかがイプシーの成長戦略の鍵(かぎ)を握ることになりますが、この点、イプシーは早くからYouTubeを自社のマーケティングツールに取り込み、若い女性の加入者を増やしてきました。

イプシーの共同創業者であるミシェル・ファン氏は、カリスマビューティー YouTuber としてグローバルレベルの知名度を得ています。２００６年７月に自身の YouTube チャンネルで活動を開始し、２００９年頃から人気が急速に高まり、２０１０年には女性チャンネルで第１位を獲得しています。２０１９年５月現在の YouTube チャンネル登録者数は８８９万人に達しています。投稿ビデオの殆どがメイクアップの実演で、既定のテーマに沿って、すっぴんの状態から自身の顔にメイクを施していきます。ナレーションにより、使用するメイクアイテムやメイクアップの手法が、ＢＧＭや字幕と共に流されます。その動画の殆どが視聴回数で50万回を超えます。３００万回を超える動画も多く、「Lady GaGa Poker Face Tutorial」では３４８０万回を超えました。現在日本でも、メイクチュートリアル動画は人気を集めていますが、ミシェル・ファンが YouTube で活動を始めた頃は、まだそうした動画は少なかったことから、「メイクチュートリアル動画の先駆者」とも呼ばれています。

ミシェル・ファンは、この YouTube の活動をきっかけにして、２０１１年にカリフォルニアでイプシーを創業したわけですが、米国での YouTube 視聴者層の約７割が35歳以下の年齢層になっていることを考慮すれば、YouTube チャンネルで築いたファンをそのままイプシーに取り込むことで加入者を増やしてきたとも考えられます。デジタル・ネイティブが多く、広告慣れしている若い女性層を獲得するには、YouTube は効果的な媒体と言えるのです。また、メイクチュートリアル動画は、サブスクによくある「使い方が分からないので解約する」と考える会員の解約防止にもなります。それゆえ、YouTube はチャーン・レートを下げるのにも絶大な効果を発揮しているのです。

イプシーの今後の課題は、利用者に新たな提案ができるか、すなわちサービス化が図れるかということになります。ビューティー・プロファイルで顧客の好みが把握できたとしても、数ヶ月利用し続けていると同じようなコスメアイテムは使わなくなり、溜まる一方だとする利用者も少なくありません。それゆえ、こうした利用者に、新しい提案をして受け入れてもらうことが必要になってきます。それには、定期的に利用者からレビューやフィードバックをもらい、注目するアイテムや気になるアイテムを訊きながら、利用者に新しい提案をしていくことが重要になります。こうした新たなメイクアイテムの提案こそが、継続利用に繋がっていくのです。

5. バーチボックスのキュレーション型サブスク戦略とは？

米国で、コスメアイテムのサブスク・ボックスとして、イプシーと同じくらい人気が高いのが、バーチボックスです。バーチボックスは２０１０年にニューヨークで創業され、２０１８年10月には世界６ヶ国で会員登録数が２５０万人に達しています。いわゆるサブスク・ボックスのビジネスモデルの火付け役で、その後、ダラーシェイブクラブなど多くのサブスクが続いています。

バーチボックスとイプシーは、コスメのサブスク・ボックスという点では同じですが、両社はさまざまな点で異なる戦略を採用して顧客価値を創造しています。イプシーは毎月デザインが異なる Glam Bag ポーチで届きますが、バーチボックスは、文字通り、箱に入った形で届きます。中身に関しても、イプシーがメイクアイテム中心であるのに対して、バーチボックスは基礎化粧品が中心で、他にヘアケアグッズや香水、オーガニック系グッズなども入っています。取り扱いブランドにも差があり、イプシーはドラッグストア系のコスメアイテムが多く、バーチボックスは百貨店系の高めのコスメサンプルが多くなっています。

ここまでで気付いた方は多いと思いますが、両社は共にコスメというくくりでは同じですが、イプシーのコスメ対象が「アイテム」であるのに対して、バーチボックスは「サンプル」というポジショニングになっています。この点に両社の一番の違いがあります。バーチボックスは、基本的にコスメサンプルを月額10ドルで利用者に提供しているわけですが、サンプルを試してもらってそれで終わるのではなく、その後で、フルサイズの商品購入に誘導するのです。

そのための導線として、さまざまな特典が用意されています。まず、会員になって3ヶ月経つと「3ヶ月記念10ドルオフクーポン」が届きます。また、フルサイズの商品を購入する際には、1ドル使うごとにロイヤリティポイントが1ポイント付きます。1ポイントは10セント分に相当し、例えば、100ポイント貯めれば10ドルの商品購入が可能となります。これは、バーチボックスが利用者に提供する「ロイヤリティ・プログラム」の特典のひとつにもなっています。

ロイヤリティ・プログラムとは、こうしたフルサイズ商品の購入でポイントが付与されたり、会員の勧誘をしたりすることでポイントが与えられるシステムです。例えば、友達を紹介して会員になれば、50ポイントが付与されます。この友達紹介システムは、ウーバーやリフトなど最近のサービスはどこも取り入れていますが、サブスク・ボックス事業者にとって、５ドルで獲得したユーザーのライフタイムバリューにはかなり高い価値があります。また、50ドル以上商品を購入すれば送料が無料になり、１５０ドル以上の購入であれば2日後配送が無料になるということも、このプログラムの特典のひとつになっています。

これらの特典はどの会員にも適用されますが、商品購入の多い会員には、優良会員用のプログラムである「VIP Aces」が用意されています。このプログラムでは、ロイヤリティポイントが引き上げられ、１・３ポイントが付与されます。また、購入した商品の送料は全て無料となり、２日後配送の無料適用も１００ドル以上からになっています。豊富なサンプルにもいち早くアクセスが可能であり、優良会員ならではのサービスも用意されています。最近では、優良会員限定のプロモーションを頻繁に開催するサービスも始めています。

このように、バーチボックスはさまざまな特典を用意することにより、会員をフルサイズの商品購入に誘導しているのです。こうした巧みなプログラムやクーポンによる攻撃で、入会後数ヶ月でフルサイズの商品を購入した会員も少なくありません。実際、２０１６年には、会員の約50％、すなわち、概ね２人に１人がフルサイズ商品を購入するに至っていっています。

ます。その結果、ｅコマース事業が、バーチボックスの売上全体の35％を占めるようにな

バーチボックスにとって、このフルサイズ商品の購入率は極めて重要な指標になります。この数値を限りなく１００％に近づけることがバーチボックスの狙いであり、また、今後の課題でもあります。この点について、バーチボックス創業者でありＣＥＯでもあるカティア・ビーチャム氏は、２０１７年のフォーブスのインタビューで、「この数字には誇りを持っていますが、満足はしていません。サンプルを売るためにビジネスを始めたわけではありませんから」と語っています。

バーチボックスは、化粧品メーカーが店頭で無料配布していたサンプルを有料化することで、消費者の心理を変えました。無料配布では、「タダでもらったので、いつかは使おう」ということになりますが、月額10ドルを支払うサブスク・ボックスでは、「お金を払っているのだから、使わないともったいない」という心理が働きます。こうした心理変化を巧みに利用して、バーチボックスは消費者のサンプル使用率を高め、ロイヤリティ・プログラムで誘導しながら、気に入った商品をフルサイズで購入させているのです。この一連のフローは、まさに化粧品メーカーがリアルで作りたかったビジネスモデルなのです。

化粧品メーカーは店頭で無料配布のサンプルによる実演をして、利用者にユーザー体験をさせながら、フルサイズの商品購入へと誘導するわけですが、店頭でリーチできるのは既存顧客が中心で潜在顧客へのリーチは難しくなります。また、店頭で実演を受けた顧客が必ずしもフルサイズの商品を購入するとは限りません。こうしたことを全てクリアしてくれるのが、バーチボックスなのです。それゆえ、化粧品メーカーはバーチボックスに積極的にサンプルの提供を行うようになります。今や、バーチボックスは500アイテムの高級ブランド化粧品を扱うほどまでに充実しています。

このように見てくると、バーチボックスは、キュレーション型サブスクのプラットフォームであることが分かります。プラットフォームとしての2つのユーザーグループは、会員と化粧品メーカーで、会員の数が増えれば、化粧品メーカーがこのプラットフォームに参加する価値が高まるという構図です。このロジックに加え、バーチボックスの場合、フルサイズ商品の購入率が会員全体の50％と高いので、この率がさらに高まれば、化粧品メーカーが享受する価値もさらに高まるのです。化粧品メーカーにとっては、まさに魅力が2倍になるというわけです。また、このプラットフォームでは、サブスク・ボックスによる定額収入とフルサイズ商品購入による従量収入の2つでマネタイズを図っているという点も大きな特徴になっています。

フルサイズの商品購入へと誘導するというバーチボックスのビジネスモデルには、リスクもあります。商品在庫の問題です。サンプルの提供からどの商品をどのくらい必要とするのかを予測することができれば、ストック率や在庫回転率にある程度の目途が立ちますが、サンプル提供である上に、ＡＩなどによるデータ解析の仕組みが十分に構築されていなかったり、構築されていたとしても解析結果の精度が低かったりする場合には、コスト負担の増大を招くことになります。

実際、バーチボックスは、化粧品の仕入れや発送、在庫管理が十分行き届かなかったことから、顧客離れが起き、その後業績が低迷したため、２０１８年にはヘッジファンドに１５００万ドルで買収され、現在、経営再建の途上にあります。

6. ダラーシェイブクラブの価格転嫁戦略とは？

マッキンゼー・アンド・カンパニーの調査の男性投票部門で第1位を獲得したのが、ダラーシェイブクラブです（図表14）。あのアマゾン定期おトク便を抑えてのトップ獲得ですから、米国では絶大な人気を誇っているサブスク・ボックスのひとつと言えます。ダラーシェイブクラブ（ＤＳＣ）という名称は、文字通り「１ドルで（＝Dollar）髭が剃れる（＝Shave）会員制サービス（＝Club）」を意味します。２０１１年にカリフォルニアで創業した、髭剃りセットを定額で会員に提供するサブスクです。２０１６年にユニリーバに10億ドルで買収されましたが、ブランド名はそのまま残されています。

髭剃り業界と言えば、米国ではジレット（Gillette）が剃刀製品の老舗ブランドとして有名ですが、このジレットが１９０１年に創業して市場に参入して以来、１９２６年には後発のシック（Schick）が、さらにフランス企業のビックがこれに続きました。以降この３社で寡占市場を形成し、市場の８割以上を占有し続けています。シックは２００３年にエッジウェル（Edgewell）に買収され、ジレットは２００５年にＰ＆Ｇに吸収合併されましたが、シックとジレットのブランド名は変わらず残されています。ジレットのフュージョンやシックのハイドロは共にシリーズ化されて、ロングセラー商品として業界では根強い人気を誇っています。それではなぜ、こうした寡占市場の髭剃り業界にダラーシェイブクラブは参入したのでしょうか。

髭剃り業界は、「髭剃り・替刃（Blades & Razors）」、「電動シェーバー（Appliance）」、「シェービングクリーム（Shaving Cream）」の３つの市場で構成されています。例えば、Ｐ＆

Gは、3つの市場全てにおいて、満遍なく製品を投入しています。すなわち、髭剃り・替刃市場ではフュージョンやヴィーナスを、電動シェーバー市場ではブラウンを、シェービングクリーム市場ではジレットのシェービング剤をそれぞれ提供しています。DSCがメインで参入した髭剃り・替刃市場では、P&G（ジレット）とエッジウェル（シック）の2社で米国の市場シェアの8割を占めています。

このように、米国の髭剃り・替刃市場では、P&G（ジレット）とエッジウェル（シック）の大手2社がし烈な競争を繰り広げていますが、グローバルレベルでCPG（消費財やサービス）市場を席巻しているのが、P&Gとユニリーバです。日本では、Luxや Dove といった商品でお馴染みのユニリーバですが、DSCを買収する以前は、髭剃り・替刃市場には参入していませんでした。ユニリーバは、DSCを取り込んでこの市場での競争に参入したのです。

DSCは寡占市場となっている米国の髭剃り業界に、自社制作によるプロモーション動画で風穴を開けました。このプロモ動画は、僅か1日で50万円ほどの低予算で制作され、時間も約90秒と短いものでした。しかし、2012年3月に「DollarShaveClub.com - Our Blades Are F***ing Great（ダラーシェイブクラブドットコム——我社の髭剃り刃は優れモノ）」のタイトルで YouTube に公開されるとすぐに多くの人の共感を集め、2日で1万2000件の注文が殺到したのです。これまでに2600万回以上も再生されているので、まさにバイラル動画の典型と言ってもよいでしょう。ウィルスが感染するように、口コミやシェア機能によって人から人へと次々に広がっていったのです。動画は短時間で多くの情報を伝達できることから、コンテンツの中でもバイラル性は高くなります。

DSCが制作したこの動画の内容は実にシンプルなものでした。この動画は、DSCの創業者でありCEOである主役のマイケル・デュビン氏がオフィスから工場内を歩きながら、DSCの良さを得々と訴えるというものです。ただ、構成はなかなかのものです。

まず、冒頭で「我社の髭剃りの価格は超安いのに、髭剃り刃の質は業界水準だ！」と放送用語ではNGとされる F-Word を使って、歯切れの良い強烈なメッセージを視聴者に訴えかけます。これで視聴者を惹きつけてから、競合他社の価格が無駄に高い点に触れて追い撃ちを掛けます。「ブランド髭剃りに月に20ドルもかけるのがお前は好きかい？　そのうちの19ドルはロジャー・フェデラー（プロテニス選手。ジレットフュージョンの広告塔）のところに流れているんだぜ。グルグル回るハンドドルや色んな機能が付いた10枚刃の髭剃りが必要なのかい？　お前のハンサムなじいちゃんの時代は1枚刃だったよな！」といった具合です。さらに、「無駄な機能の付いた髭剃りを買うのはやめて、もっと賢い金の使い方をしようぜ！　俺たちは、ダラーシェイブクラブドットコム、パーティーはもう始まっているのさ！」と言って、ＤＳＣの髭剃りに誘導していきます。最後に、字幕で「Shave time, Shave money（時間と金を節約しようぜ！）」と投げかけて締め括るのです（shave と save を掛けています）。

このプロモ動画の中では、ＤＳＣが激安である点が強調されていますが、それでは、競合に比べてどの程度安いのでしょうか。替刃カートリッジで比較してみると、ＤＳＣは、３つのコースから選べるようになっています。

１つ目は、月額４ドルで２枚刃カートリッジが５個配送される「THE HUMBLE TWIN」コース（送料無料）で、２つ目は、月額７ドルで４枚刃カートリッジが４個配送される「THE 4X」コース（送料無料）、さらに、３つ目は、月額10ドルで６枚刃カートリッジが４個配送される「THE EXECUTIVE」コース（送料無料）です。これに対して、大手ブランド事業者の替刃カートリッジの主力商品は、概ね１個で４～６ドルしますので、ＤＳＣの方にかなりの割安感があると言えます。

このプロモ動画のメッセージは、勿論、顧客に既存のブランド髭剃りは高いので、無駄なお金を使うのはやめて、我々が提供する経済的な髭剃りを使うようにしようというものですが、社内向けにもメッセージが隠されています。それは、「無駄なマーケティングにはＤＳＣはお金を一切かけない」という考え方です。それゆえ、ＤＳＣはこのプロモ動画以降のマーケティングを全て内部で制作してきました。これは、ＤＳＣの中で今も変わらない流儀になっているのです。つまり、マーケティング費用を小売価格に転嫁しないで、リーズナブルな価格で消費者に髭剃りを提供するという理念です。

内製によるマーケティングは、クリエイティブ部門の担当チームが一手に引き受けて行っています。10人ほどのチームなので、メディアバイイングやアナリティクス、カスタマーサービス、製品開発などのチームと協力して進めています。これまで、小さなキャンペーンでは広告制作やメディアバイイングで外部のエージェントの力を借りてきたこともありますが、ほぼ全ての広告業務は内製で行っています。この方針について、マイケル・デュビン氏は、「その方が消費者の目にブランドとしての特色やメッセージが届けやすいし、社内に向けても同様の効果がある」と述べています。

それでは、内製によるマーケティングにはどのようなメリットがあるのでしょうか。従来、ネット直販ブランドは、デジタルマーケティング技術に精通していることから、内製によるマーケティング評価が高いことを証明してきました。外部のエージェントに頼らず、設立当初から事業拡大しスケールアウトすることに成功しているブランドも少なくありません。

ネット直販ブランドがなぜこうした手法を採るのかと云えば、内製でマーケティングを一元的に管理することにより、全社的に同じビジョンや視点でマーケティングが実現でき、迅速な対応やデータ管理のみならず、コスト削減も可能になるからです。これらは、ネット直販企業が、スタートアップから大手ブランドへとスケールアウトする上で欠かせない要素であり、その価値はとりわけ大きいと言えます。

確かに、社内リソースが限られるスタートアップレベルでは、全てを内製で行えるだけの適切な人材や専門知識、あるいはそのための資金があるとは限りません。そのような場合には、外注に頼らざるを得ませんが、内製で進めることによりコストを抑えながら、創業から一貫した理念と統一したビジョンのもとで迅速に意思決定を下すことができることは、スケールアウトする企業にとって大きな魅力になるのです。

ＤＳＣは年10％増で会員数を増やしており、その数は２０１８年10月までに３９０万人に達しています。顧客獲得後、継続率を高めるために、ＤＳＣはさまざまな打ち手を用意しています。そのひとつが、サブスクの更新時の事前通知です。毎月会員に更新日の約5日前に「Your NEXT BOX : 1 item ships on 00/00. See Box」という通知が届きます。これは、「00月00日が更新日なので、ボックスを確認してください」というメッセージです。利用者は、See Box をクリックして、もし替刃が余っている場合には、今月の購入をスキップし、定期購入の期間を容易に変更することができます。これは、意図的に退会や登録内容の変更を分かりづらくしているサービスが横行している昨今において極めて紳士的な対応であり、また、手続きもスムーズであるため、利用者の好感を高める要因になっています。

　また、周辺商品やアップセル商品への誘導も巧みです。ＤＳＣはライフスタイルブランドを標榜（ひょうぼう）していることから、髭剃りに特化せず、ジェルやワックス、さらにはお尻拭（しりふ）きなどの購入も勧奨しています。米国ではウォシュレットが普及していないので、男性が店頭で買いづらいお尻拭きなどの商品を勧奨して宅配してくれるのは、まさに痒（かゆ）いところに手が届くという感じで歓迎されるわけです。

　ＤＳＣは、これらの打ち手を繰り出すことにより、会員の継続率を高めているのです。実際、その結果は、リテンションの数値に表れています。ＤＳＣの48ヶ月のリテンション率は23・4％で、加入者のうち概ね4人に1人はDSCのサービスを使い続けるという結果が出ています（図表21）。これを他のサブスクと比較したのが図表22です。12ヶ月後のリテンション率を比較してみると、ブルーエプロンが22％、ハローフレッシュが12％と低い数値に止（とど）まっているのに対して、DSCはネットフリックスに迫る勢いで60％に近い数値を維持しています。これは非常に高い数値であると言えます。

DSCが標榜するライフスタイルブランドは、利用者の髭剃り習慣を十分に分析した上で、それを改善するプランとして利用者に訴求している点が注目に値します。基本的に、髭剃りや替刃は定期的に購入しなければならない商品である一方で、買い忘れし易い商品でもあります。買い忘れしたりすると、日にちの経った刃で髭を剃らざるを得なくなります。また、髭剃りのカートリッジは一定の期間変えずに使うので、きちんと洗浄すれば問題ありませんが、ついつい忘れがちになります。さらに、今使っている髭剃りはちょっと高いなと思っているけど、仕方がないと思って使い続ける人たちも少なくないのです。

こうした問題を取り除いてくれるのが、DSCなのです。毎月低価格で定期的に届けられる新しい替刃を使えるというのは、利用者にとって極めて利便性が高いと言えます。また、替刃の数量やコースを容易に変更できるので、無駄なく使いきることができるという

【図表21】DSCのカスタマーリテンション推移（米国・48ヶ月）

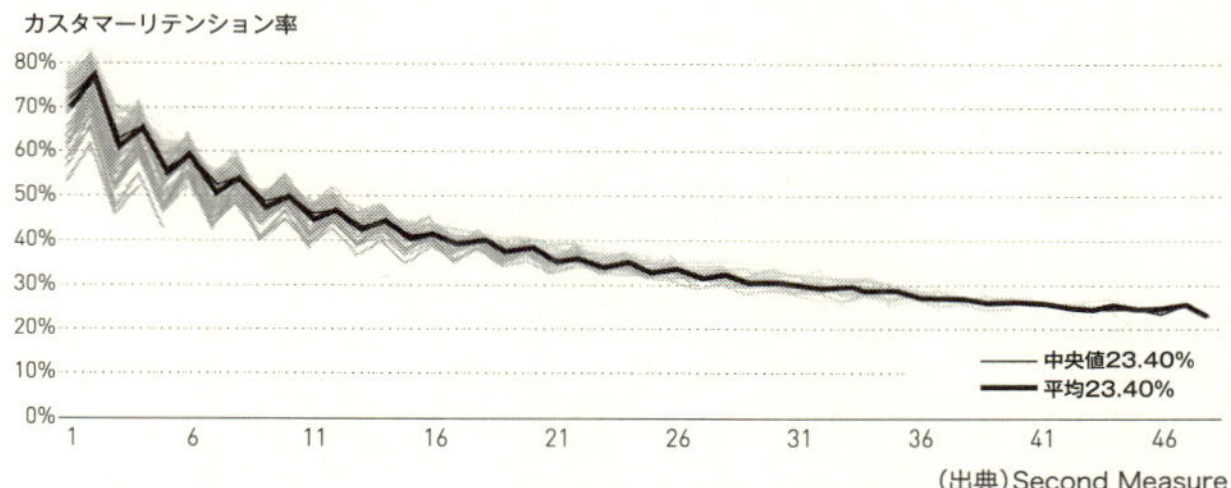

（出典）Second Measure

【図表22】カスタマーリテンションの比較（米国・24ヶ月）

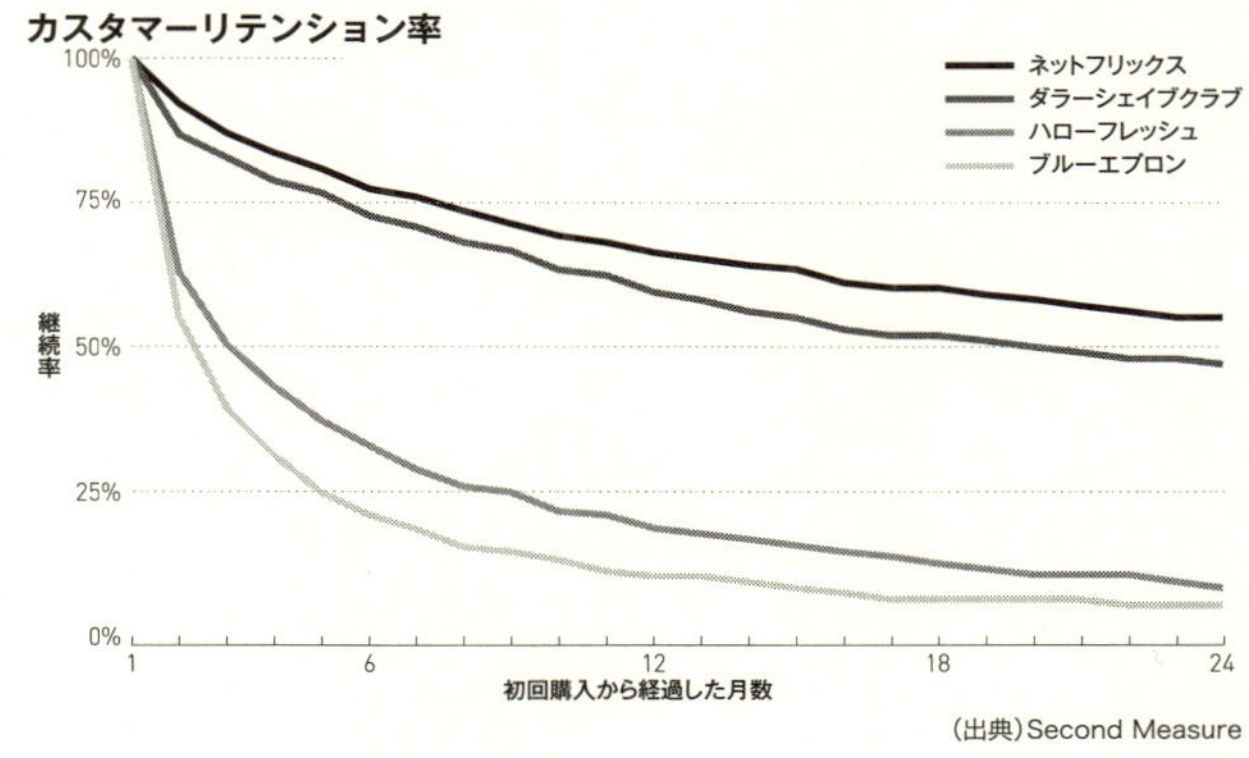

（出典）Second Measure

点でも利用者の価値を高めてくれるのです。

このように考えてくると、ＤＳＣが提供する髭剃りや替刃は、低価格で性能もそこそこということになるので、『イノベーションのジレンマ』により破壊的イノベーションの理論を確立したクレイトン・クリステンセン氏が提唱した「ローエンド型破壊」のサービスに当たります。ハイエンドの市場に注目しがちでローエンドの市場が手薄になるという、いわゆるイノベーションのジレンマに陥った髭剃りブランドの大手が、ローエンドモデルの髭剃りを慌てて展開したのも、その証左と言えるでしょう。

例えば、ジレットは、２０１０年にインド向けに簡素な1枚刃による低価格の「ガード」を発売して成功を収めています。米国市場でも、ジレットシェイブクラブを２０１５年6月にローンチして巻き返しを図っています。ＤＳＣの今後の課題は、こうしたローエンド市場で巻き返しを図る大手ブランドにどのようにして対抗していくかということになるでしょう。

7．ハリーズのブランド戦略とは？

ＤＳＣと同じサブスク・ボックスで競合するハリーズは、ＤＳＣ創業から1年遅れの2

013年にジェフ・レイダー氏とアンディ・カッツ・メイフィールド氏により創業されました。レイダー氏は、スタイリッシュなアイウェアを低価格で売り出し、メガネ業界に変革をもたらしたワービー・パーカーの共同創業者としても知られています。

ブランド作りで定評のある彼が、長年の友人であるメイフィールド氏と共にハリーズを立ち上げたのは、2011年10月のある出来事がきっかけでした。その日、髭剃りを買うためにあるドラッグストアに立ち寄ったメイフィールド氏は、店員の対応と値段に驚きを隠せなかったということです。その対応とは、店員に髭剃りをショーケースの中から取り出してもらうのに10分もかかった上に、4枚の替刃とシェービングクリームだけで値段が20ドルもしたのです。しかも、各社の髭剃りのデザインは昔から変わらず、消費者の興味が湧くものではなかったということでした。こうした状況を目の当たりにして、メイフィールド氏は、「もっと良い方法があるはずだ」と確信し、レイダー氏と新たなビジネスモデルを考案するに至ったわけです。

最初に彼らが着手したのは、髭剃り業界のビジネスやシェーバー技術を知ることでした。創業前の9ヶ月間でドイツを訪問して業界を学び、世界でも最高品質の刃を作るドイツメーカーの工場を約1億ドルで買収して、製品開発チームを立ち上げました。1920年以来高品質な鋼鉄を研磨して世界で最も鋭利な刃を作り上げてきたこの工場には、600人以上から成るドイツ人技術者やデザイナー、名工、生産者が在籍し、毎年、洗練された設備を用いて、何百万もの高精度な刃を製造しているのです。

ハリーズとDSCは基本的に、初回時に本体の髭剃りを選び、以降はプランに応じて定期配送サービスを受けるという点では同じ形態を採るサブスク・ボックスですが、戦略的にはさまざまな違いがあります。そのひとつとして、ハリーズは、独自ブランドを追求することでDSCなど競合との差別化を図っています。すなわち、髭剃りの刃やハンドル、パッケージのデザイン、最適なシェービングクリームの全てが独自開発なのです。髭剃りの刃は、「鋭さ」、「柔軟性」、「心地良さ」の3つに重点を置き、ドイツの製品開発チームによって丁寧に作られました。また、髭剃りのハンドルは、実際に製品を使いながら洗練と試行錯誤を繰り返し最終的なデザインに至りました。さらに、シェービングクリームは、自社の刃に最適なものを開発することで、髭剃りとの一体感を生み出す試みがなされています。

こうして開発された髭剃りは、従来の製品とは一線を画すものに仕上がっています。この点について、メイフィールド氏は、「ユニークなハンドルは、古いボールペンや古いナイフからデザインのインスピレーションを得たものです。我々はこのデザインをデザイナーに伝え、スタイリッシュでエルゴノミクス（人間工学）に基づいたハンドルを開発しました」と説明しています。

ハリーズには、「定期購入」と「単品購入」という2つのオプションがあります。定期購入の場合、まず、スターターセットが用意されていて、髭剃りの色を3種類の中から選べます。付属されるのは2週間分のセット商品で、5枚の替刃とシェービングジェル、トラベル用の刃のカバーです。スターターセットは8ドルで、DSCのスターターキット（5ドル）に比べるとやや高めの価格設定になっています。よって、ハリーズのポジショニングとしては、DSCのような低価格を売りにする新規参入事業者と高価格帯を維持する大手ブランドメーカーとの中間に位置付けることができます。

スターターセット購入から2週間が経過すると定期購入が開始となります。定期購入では、替刃8枚のプラン（15ドル）、替刃8枚とシェービングジェル1本のプラン（21ドル）、替刃16枚とシェービングジェル2本のファミリープラン（35ドル）の3つのプランの中から選べるようになっています。あとは配送頻度を選択すれば手続きが完了し、商品が届くのを待つのみとなります。

一方で単品購入として、トルーマンセット（15ドル）、ウィンストンセット（25ドル）、エッセンシャルトラベルキット（30ドル）の３つが選べるようになっています。トルーマンとウィンストンでは髭剃りが異なり、高級感のあるアルミニウム合金製のウィンストンに対し、廉価版のトルーマンは亜鉛合金にポリマーでコーティングを施した仕上がりになっています。

ハリーズの独自性は、こうした自社開発による製品としてのブランド力だけでなく、マーケティング手法にも表れています。創業以来、自社開発やデザイン性の高さを前面に押し出したブランドストーリーを動画で訴求して、ネットのみで販売してきました。また、ニューヨークには自社製品を使ったオンライン予約制の理容室「Harry's」を出店して、「価値」と「体験」を重視したマーケティングを展開しています。理容室の店内は、男性らしくカチッとしたイメージで、オールドな雰囲気を感じさせるデザインになっており、店構えや店内の随所にこだわりがある造りになっています。ここでは、ヘアカットが40ドル、髭剃りが15ドルと比較的リーズナブルな価格で男性の身だしなみを整えてくれます。

また、２０１６年8月には、販売チャネルを従来のＥＣからリアル店舗の売り場にも拡大して、米国大手小売事業者のターゲット１８００店舗への出品にも乗り出しています。

元々、ハリーズは、D2C（Direct to Consumer）として起業しています。すなわち、自社で企画開発し製造した髭剃りやシェービングクリームを、店舗を介さず自社運営のECサイトのみで販売する手法です。中間業者を省くことでシンプルなサプライチェーンを実現し、さらに店舗運営にかかる費用を削減することで、質の高い髭剃りをリーズナブルな価格で販売することができたわけです。

このようにD2CとしてECで一定の成功を収めたハリーズが、なぜリアル店舗に販売チャネルを拡大したのでしょうか。この点について、共同創業者のレイダー氏は、「従来は動画を使ってブランドストーリーを展開してきましたが、リアルな売り場からも自社の価値を訴求したいと考えました」と述べています。ターゲットは、髭剃りの販売シェアでウォルマートに次いで全米第2位の地位を既に築いているため、ハリーズが自社の価値を訴求するには極めて相応（ふさわ）しいチャネルと言えます。効率性の高いD2Cモデルの枠を超える決断をしたハリーズは、ネットとリアルの両方のチャネルで、寡占市場を切り崩すことができるのでしょうか。

8. D2Cサブスク・ボックスによる独自ブランドの形成

ハリーズなど近年D2Cのビジネスモデルを採用して急速に業績を伸ばすブランド企業が見られます。D2Cは文字通り、「自社で企画開発し製造した商品を消費者に対して直接販売するモデル」ですが、その手法は、実店舗を持たずにネット限定で販売する形態を採ります。ネット販売であるがゆえに、中間業者や店舗の運営費用を削減して価格転嫁が可能となるため、質の高い商品を手ごろな値段で提供できるのです。米国で10年ほど前から始まり、日本でもここ数年の間にD2Cを採用するビジネスが見られるようになりました。

現在、D2Cで成功を収めている小売事業者は多く存在します。米国では、ボノボス（メンズアパレル）を始めとして、ワービー・パーカー（メガネ）、DSC（シェービングセット）、ハリーズ（シェービングセット）、バークボックス（ペット犬グッズ）、グロッシアー（コスメブランド）、チュビーズ（バイキングトイズ）、エバーレーン（アパレル）、キャスパー（マットレス）、ソイレント（栄養代替食）、オールバーズ（スニーカー）、クヤナ（ファッションアイテム）などがあります。ジャンルでは、アパレルや美容関係が多くを占めますが、最近では、さまざまな分野にD2Cが進出しています。これらD2Cの中には、DS

Cやハリーズのように2年間で100万人の会員を獲得したり、キャスパーのように、2年間で売上が1億ドルを突破したりする企業が見られ、短期間で会員や売上を伸ばしています。

成功しているD2Cには、サブスク・ボックスが入っています。消費者がブランドメーカーからネットで直接商品を定期購入するという流れ、すなわち、「自社開発」、「自社製造」、「ネット直販」、「定期購入」の4つを組み合わせたビジネスモデルは、既に消費者に受け入れられていることを意味します。しかも、この流れは今後アパレルや美容関係を中心に加速し、さまざまなジャンルで独自ブランドのD2Cサブスク・ボックスが新たに生まれるようになると考えられます。なぜなら、4つの組み合わせの解が「価格」、「品質」、「便益」、「満足度」の4つの領域で優位となり、消費者に「低価格」、「高品質」、「高利便性」、「驚愕（きょうがく）と感動」という複数の価値を同時に創出し満たしてくれることになるからです。

基本的に、「高品質」と「低価格」はトレードオフの関係にあるので、一方が成り立てばもう一方が成り立たない、つまり同時に達成することは不可能となるわけですが、サブスク・ボックスはD2Cを採用することで、これが可能となりました。サブスクには、既にシェアリングやSNS、クラウドファンディングなどが取り込まれています。これらに

D2Cが組み合わされることで、今後新たに画期的な商品が生まれて普及する可能性も十分に考えられます。

9．バークボックスは飼い主とメーカーをどのようにして結び付けたのか？

米国では、ペット市場でも注目を集めるサブスク・ボックスが生まれています。2012年に創業したバークボックスは、犬を専門にしたサブスク・ボックスとして会員数を増やしています。これまでに200万匹以上に、ボックスが配送されるほどの人気ぶりです。

愛犬への「ご褒美グッズ」というコンセプトのもとに、毎月定額でロブスターのビスケットといったペット用の高級お菓子や、犬の身体に優しい職人による手作り玩具（がんぐ）、ペット用高級タオルなどが届きます。スタッフ厳選で毎回異なる趣向のため、会員の継続率は90〜95％の高水準を維持しています。

バークボックス創業のきっかけになったのは、共同創業者であるマット・ミーカー氏が、45キログラムという大型の愛犬にピッタリの玩具が、どこのペットショップに行っても見つからなくて困ったという自身の経験にありました。この経験を基に、愛犬に最適なご褒美を簡単に提供できる仕組みを考えるに至ったということです。

サブスク・ボックスの申し込みは、バークボックスのサイトから簡単にできるようになっています。サイトのデフォルト画面で申し込みボタンをクリックすると、最初に、「あなたの愛犬の名は？」と訊かれます。次に、「愛犬はどのくらいのサイズですか？」という質問に対して、愛犬の大きさに応じて、小型、中型、大型犬の3つの選択肢から回答できるようになっています。続いて、「愛犬は牛肉や鶏肉、七面鳥の肉にアレルギーを持っていますか？」という質問の後に、3つのサブスク・ボックス、すなわち、「22ドル／月（1年契約で月ごとに支払い）」、「25ドル／月（6ヶ月契約で月ごとに支払い）」（最も人気が高いプラン）、「29ドル／月（1ヶ月のみ）」の中からひとつを選びます。いずれも米国の隣接する48州内であれば送料無料です。このオプション画面の下には、「もし愛犬がこれらのサブスク・ボックスに満足いただけない場合には、私たちは愛犬が満足できるように努めます」という表示が出ています。さらに、愛犬をもっと幸せな気分にするために、「エキストラ・プレミアム・トイ」のオプション・サービスが9ドルで用意されています。最後に支払額が明示され、送付先やクレジットカード番号、メルアドなどを入力すれば申し込みが完了します。

サブスク・ボックスの中身は、2個以上の革新的な玩具と自然素材で作られた高級ペッ

【図表23】米国ペット産業の市場規模推移

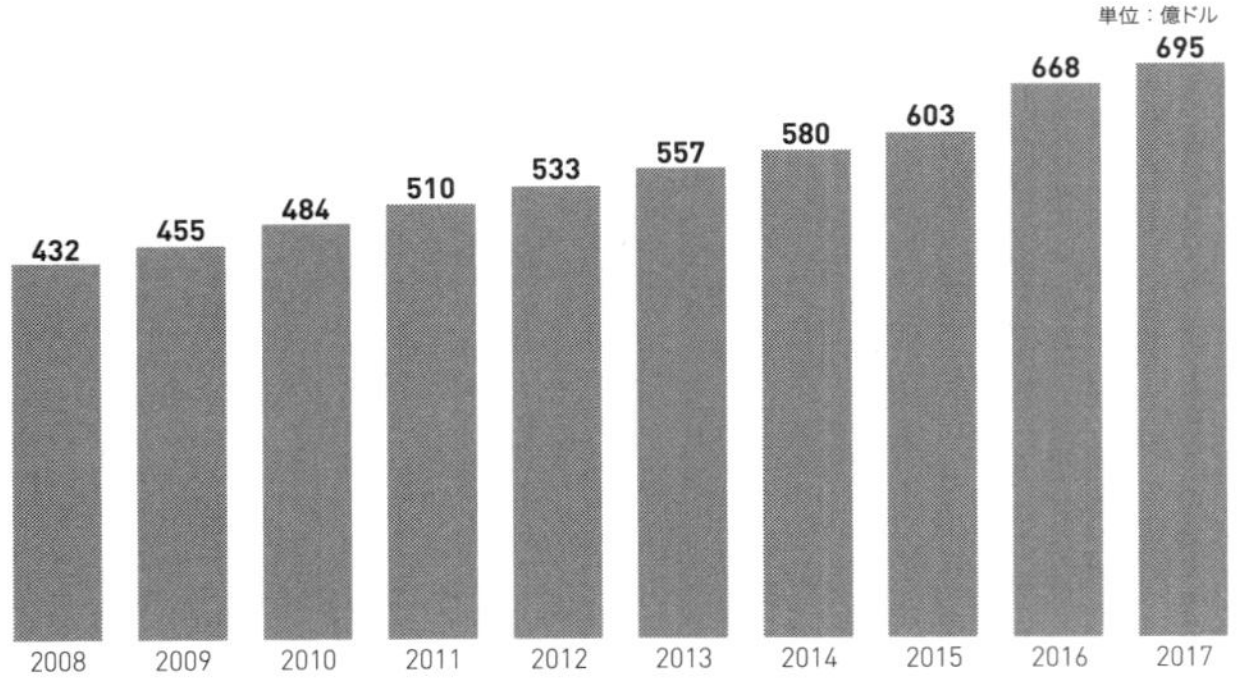

（出典）APPA（American Pet Products Association）

トフードやおやつが入っていて、「総額40ドル以上の価値があります！」というメッセージがサブスク・ボックスの説明文の中で強調されています。

米国では、ペット産業の市場規模がこの10年間で1・6倍に成長しています（図表23）。2017年には、市場規模が695億1000万ドル（約7兆6851億円）に達しており、その内訳を見ると、ペットフードが全体の4割以上を占めています（図表24）。また、所有世帯数で見ると、「犬」が約6020万世帯と最も多く全体の4割以上を占め、次いで「猫」が4710万世帯と続いています（図表25）。所有頭数では「犬」が8970万頭で、「猫」の9420万頭よりややや少なく

【図表24】米国ペット産業の市場規模内訳（2017年）

単位：億ドル　括弧内は比率

項目	2017年
Food（ペットフード）	290.7（41.8%）
Supplies/OTC Medicine（サプリメント・薬）	151.1（21.7%）
Vet Care（獣医治療診療）	170.7（24.6%）
Live animal Purchases（ペット購入）	21.0（ 3.0%）
Pet Services: grooming & boarding（美容・寝床）	61.6（ 8.9%）
合計	695.1（100%）

（出典）APPA（American Pet Products Association）

なっています。これらの数値から、「犬」の世帯当たりの保有数は1・5匹で、「猫」の2匹よりもやや少なくなっています。

それでは、ペット犬を飼うためには、年間でどのくらいの費用がかかるのでしょうか。米国でペット犬にかかる年間平均費用は、概ね1550ドルです（図表26）。APPA（American Pet Products Association）の統計では、その他の費用項目が記載されていないため、ここでは記載されている8つの費用項目のみの合計値になっています。バークボックスは、この費用項目の中の、フード、フードトリート、玩具の3つを合わせた市場（年間354億ドル）をターゲットにしています。

この数値に照らせば、バークボックスが展開

【図表25】米国ペット所有世帯の内訳と所有頭数(2017年)　単位:百万

ペットの種類	所有世帯数	所有頭数
鳥	7.9(5.5%)	20.3(5.2%)
猫	47.1(32.7%)	94.2(23.9%)
犬	60.2(41.7%)	89.7(22.8%)
馬	2.6(1.8%)	7.6(1.9%)
淡水魚	12.5(8.7%)	139.3(35.4%)
塩水魚	2.5(1.7%)	18.8(4.8%)
爬虫類	4.7(3.3%)	9.4(2.4%)
小動物	6.7(4.6%)	14.0(3.6%)
合計	144.2(100%)	393.3(100%)

(出典)APPA(American Pet Products Association)

する3つのタイプのサブスク・ボックスのプライシングを22ドルから29ドルに設定しているのも概ね妥当であると考えられるわけです。

このように、米国ではペット産業の市場規模が巨大であるばかりではなく、市場自体が成長し続けています。なぜでしょうか。その理由は、近年、犬や猫などのペットが人間に近い扱いをされている点にあります。米国では、自分の子供と同じようにペットに接し育てる人たちのことを、「ペットペアレンティング」と呼んでいます。こういった人たちは、我が子にお金を使うように惜しみなくペットにお金をかけるのです。より安全で良質な商品を求めて、多少高価なものでも購入してしまうという行動は、子育てをする親にとって

【図表26】米国ペット犬の年間平均費用内訳（2017年）

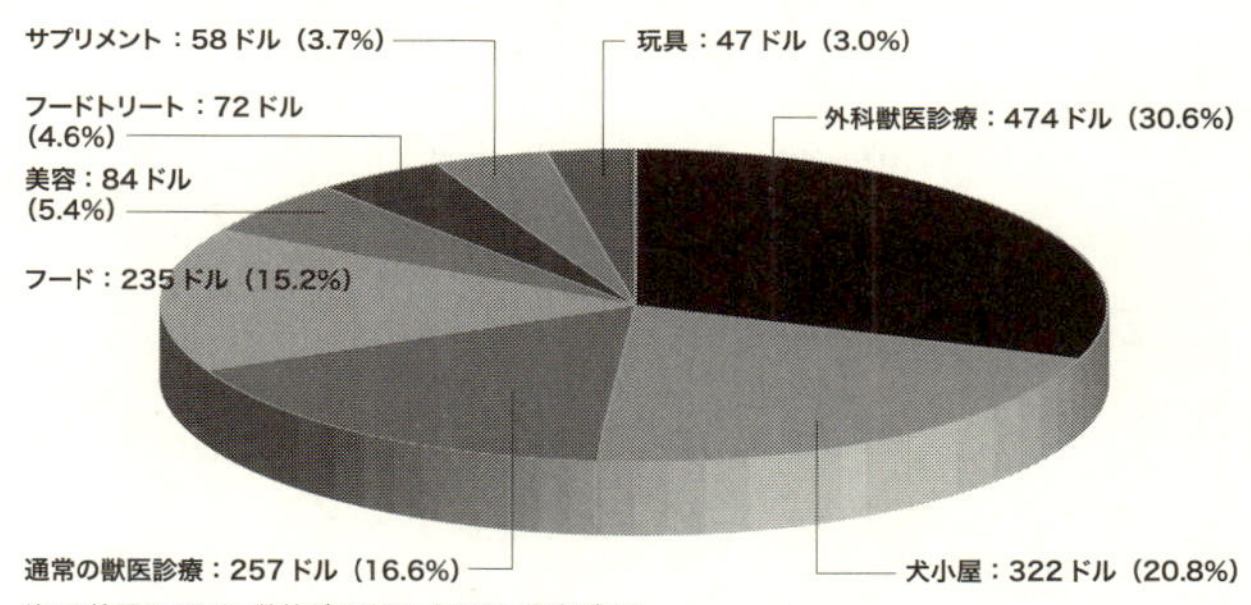

注：四捨五入のため、数値が100%にならない場合がある

（出典）APPA（American Pet Products Association）

は当然なことなのかもしれません。

こうしたペットの家族化の要因のひとつとして、核家族化や少子化といった社会的な背景が挙げられます。これに加え、ペットの平均寿命が長くなったことで、これまで以上にペットを家族として扱う人が増え、ペットにかける費用も増加するようになったのです。

ペットの家族化といったペットペアレンティングの存在は、バークボックスがターゲットにする顧客層とも一致します。バークボックス利用者の80%は女性で、その多くが「25歳から35歳の子供のいない女性」もしくは「子供が既に独り立ちした45歳から55歳の女性」です。バークボックスは当初より、「犬は家族の一員である」というコンセプトを掲げており、実際、犬に対して子供と同じように接する人たちに好まれて利用されています。

バークボックスは、こうしたペットアレンティングの心理を突いて、関連事業の拡大も図っています。サブスク・ボックス事業の他にも、これまでに、バークパーク（愛犬と飼い主のための屋外クラブハウス）やバークリテール（ヒット商品とシーズングッズ）、バークショップ（バークボックスで買った商品を再度購入できる通販サイト）、スーパー・チュワー（長持ちする愛犬用のモノを配達）、バークバディ（養子縁組などができるサイト）、バークライブ（犬同伴で楽しめるイベントや企画の紹介）、バークポスト（ペット関連の情報サイト）などを手掛けています。バークボックスで会員の入り口を押さえた上で、こうしたサービスの多角化により、愛犬家同士のコミュニティの構築やファン化の促進で会員のリピート購入の導線を張っているのです。

バークボックスは、ペットペアレンティングといった会員とペット用グッズのメーカーという2つのユーザーグループを結び付けるプラットフォームを構築して、両者の従来からある問題を解決しました。それまで、会員は、愛犬が興味を持ったり好んだりするグッズを見つけ出すことが難しく、たとえそれが分かったとしても、ピッタリ合う最適なグッズが店舗に行っても見つからないという問題を抱えていました。一方、メーカーは、自社製品の潜在顧客にリーチするための最適な販売チャネルが見つからないという問題に直面していました。バークボックスは、「ご褒美グッズ」というコンセプトのもとに、会員とメーカーを結び付けることで、これらの問題を解決したのです。

10. スティッチフィックスのデータ主導型のビジネスモデルとは?

アパレル業界は、現在米国でサブスク・ボックスが最も進んでいる分野のひとつになっています。このアパレル分野に「データ主導型のビジネスモデル」を導入して、新たな旋風を巻き起こしているのがスティッチフィックスです。

スティッチフィックスのビジネスモデルの特徴は、AIとパーソナルスタイリストによる組み合わせで、データドリブンのレコメンドシステムを構築している点にあります。利用者が会員登録時に85項目の質問に対して、体形や好み、予算などに関するデータを入力すると、独自開発したアルゴリズムが解析してファッションアイテムを絞り込みます。その情報を活用して、プロのパーソナルスタイリストが手を加え、最終的に会員に送る商品を選定します。そのために、85名以上のデータサイエンティストと3700名以上のスタイリストが在籍しています。

ＡＩとパーソナルスタイリストによる組み合わせ、すなわち、データ解析とプロの分析との相補的な組み合わせで、5着の服を選んで送ってくれます。このプロセスにかかるコストの対価として、会員はスタイリングフィーと称する利用料20ドルを支払います。会員登録から約2週間後にボックスが届き、到着から3日以内に会員は購入する以外の服を返送する必要があります。5アイテム全て返送する場合には、20ドルのスタイリングフィーを支払う必要がありますが、1アイテムでも買う場合には20ドルが割り引かれるので、スタイリングフィーは実質無料となります。5アイテム全て購入する場合には、さらに25%オフとなります。

このビジネスモデルは、消費者心理を上手く突いたものであると言えます。何も買わずに20ドルを支払うというのは、消費者としては何か損をした気分になりますが、逆に、1アイテムでも購入すれば、20ドルを払わなくても済むことになるので、得をした気持ちになります。しかも、20ドルという額は、定額で支払うにはやや高いと感じつつも、割り引かれたら嬉しくなるという両方のバランスを上手に取った設定額になっているのです。

スティッチフィックスは２０１２年に創業されました。創業者でＣＥＯを務めるカトリーナ・レイク氏は、設立の理由を投資家に向けて「モールを見て回ったり、ファッションサイトから服を探したりするのはとても時間がかかる。テクノロジーを活用して、この問題を解決したいと思った」と述べています。

レイク氏が最初にこのビジネスを思いついたのは、ハーバード大学ビジネススクール在学時でした。アンケートでユーザーの好みを把握し、そのデータを基にして洋服を送り届けるというものです。その後、彼女はネットフリックスでデータサイエンティストをしていたエリック・コールソン氏を招聘（しょうへい）してＡＩを導入します。独自アルゴリズムにより会員の好みを把握して、その情報を基にプロのパーソナルスタイリストがコーディネートするという現在のビジネスモデルの基本形が出来上がったのです。

従来、アパレル業界では、バイヤーがブランドとの契約交渉などについての権限を持ち、顧客の支持や反響を呼びそうなトレンドを発掘していました。デパートや小売店では、バイヤーがブランドと協力して、新作コレクションから流行やトレンドになりそうな商品を選んで、店頭に並べるのが一般的です。

しかし、こうした関係は、顧客よりも自社の利益を優先するもので、顧客の興味や嗜好を反映したものではないことから、業界における著しい変化に対応できなくなりつつあります。当然ながら、バイヤーは店舗収益の視点から、ブランドとの契約の際に、仕入れ値や販促費を考慮して利益最優先でビジネスライクに動きますが、そこには、明らかに消費者目線で考える顧客中心の視点が欠如しているのです。

この点において、スティッチフィックスは、ブランドではなく、消費者と取引するとの考えから、仕入れモデルを築いています。どの商品を誰に届けるかはＡＩが決め、その際の判断基準は顧客の関心のみと徹底しているのです。ＡＩは機械学習により顧客のデータを解析して興味や嗜好の判断を迅速に下せます。これにより、１対１の顧客関係、すなわち、パーソナライズ化に近づくことが可能となるのです。

ＡＩにより解析された情報は、プロのパーソナルスタイリストの手に渡り、最終的に会員に送る商品が決定します。会員が商品を購入すればするほど、機械学習により会員の好みをより深く知ることができます。ただ、長期会員や頻繁に購入するヘビーユーザーなどの優良会員については、利用データが十分に揃っていることから、高度なパーソナライズ化による利用体験を顧客に提供することは可能ですが、新規会員や利用回数が少ない利用者などデータがあまり揃っていない会員については、機械学習による十分な裏付けが難しくなります。そうした場合には、特にプロのパーソナルスタイリストの相補的な力が必要となるのです。

アルゴリズムを駆使したレコメンドシステムを活用して、競争力を高めている企業は既に多く存在します。アマゾンを始め、ネットフリックス、スポティファイなどです。中でもアマゾンは、売上の35％以上をレコメンドシステムにより稼ぎ出しています。人を介さずに個々の利用データを解析することで個人の興味や嗜好を絞り込んで売上に結び付けているのです。スティッチフィックスの相補的なビジネスモデルは、こうしたＡＩのみのレコメンドシステムとは一線を画します。この点について、レイク氏は、「アマゾンのビジネスモデルは素晴らしくアパレルへも多額の投資をしているが、約３５３０億ドル（約39兆円）規模の市場の80％以上の商品が店頭で販売されており、アマゾン以外のプレイヤーにも成功の余地はある。私たちの商品提案の方法はアマゾンとは全く異なるもの。データサイエンスと人間の判断というユニークな組み合わせこそ競争に勝つ武器であり、消費者が気に入る商品を発見して購入に至るまでの精度は、私たちのビジネスモデルの方が上だと信じている」と述べています。あくまでもデータサイエンスによりレコメンデーションの精度を高めるアマゾンに対して、プロのパーソナルスタイリストによる判断を加えた方が、デザインとファッションにおけるユーザーの支持をより高められるというわけです。

ＡＩとプロのパーソナルスタイリストによるこの相補的なビジネスモデルは、着実に成果を上げています。スティッチフィックスのアクティブユーザー数は創業以来順調に伸びており、２０１８年末には２７４万人に達しています（図表27）。これに伴って、売上高も右肩上がりに推移し、２０１８年の売上高は12億２６５０万ドルに達しています（図表28）。２０１４年の売上高７３２０万ドルと比較すると、４年間で17倍に急成長しているのです。

スティッチフィックスが提携するブランドは、１００以上にも及びます。これに加え、今では、自社ブランドを立ち上げ提供しています。スティッチフィックスが保有する顧客から収集したファッションに関する膨大なデータは、顧客への服のレコメンドや顧客の購買行動の予測に役立てられているだけでなく、新たなデザインの創出による独自ブランドの構築にも役立てられているのです。この点について、スティッチフィックスは、アパレル分野は厳しい競争環境にあることを認めつつも、「顧客らのファッションの消費トレンドに変革をもたらしたい」と極めてポジティブな意向を示しています。

ウィメンズで構築した成功モデルは、新規事業の拡大という形で新たな分野にも適用されています。２０１５年から２０１７年にかけて、子供服やマタニティー、メンズ、さらには、プラスサイズやプレミアムなど新たな事業を次々と立ち上げて、サービスの拡充を

【図表27】スティッチフィックスのアクティブユーザー数推移

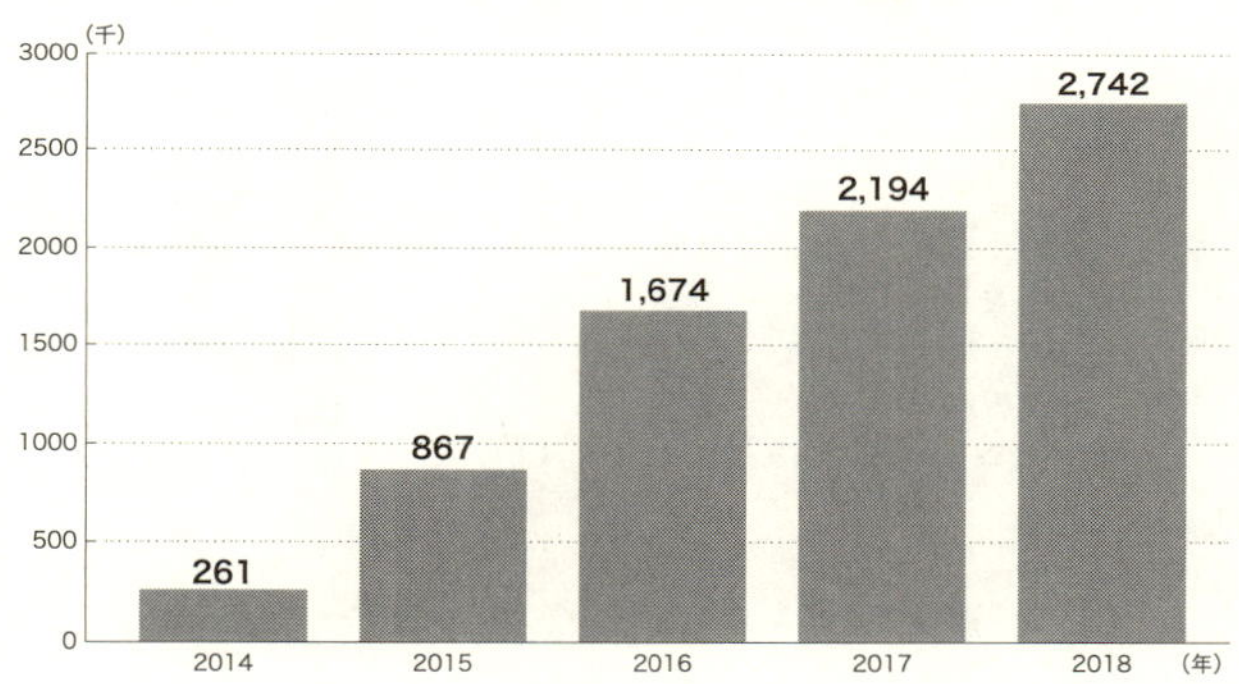

(出典)Stitch fix

【図表28】スティッチフィックスの売上高推移

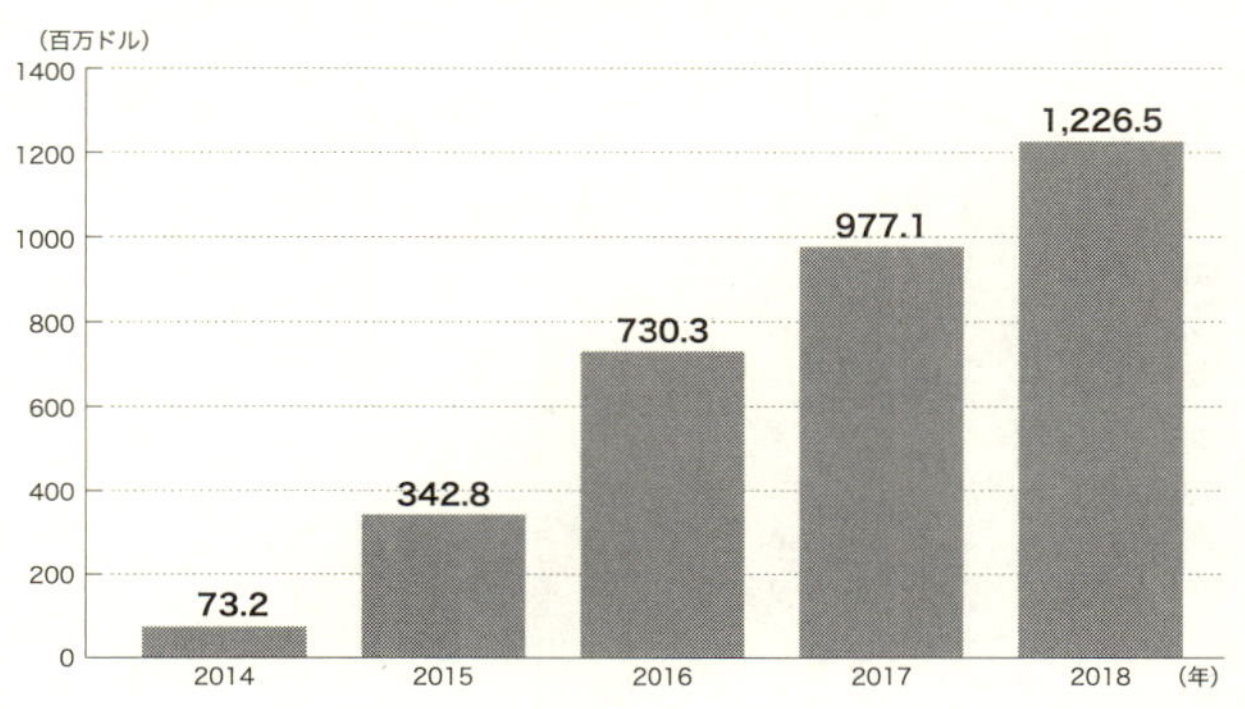

(出典)Stitch fix

【図表29】スティッチフィックスのキャッシュフロー推移

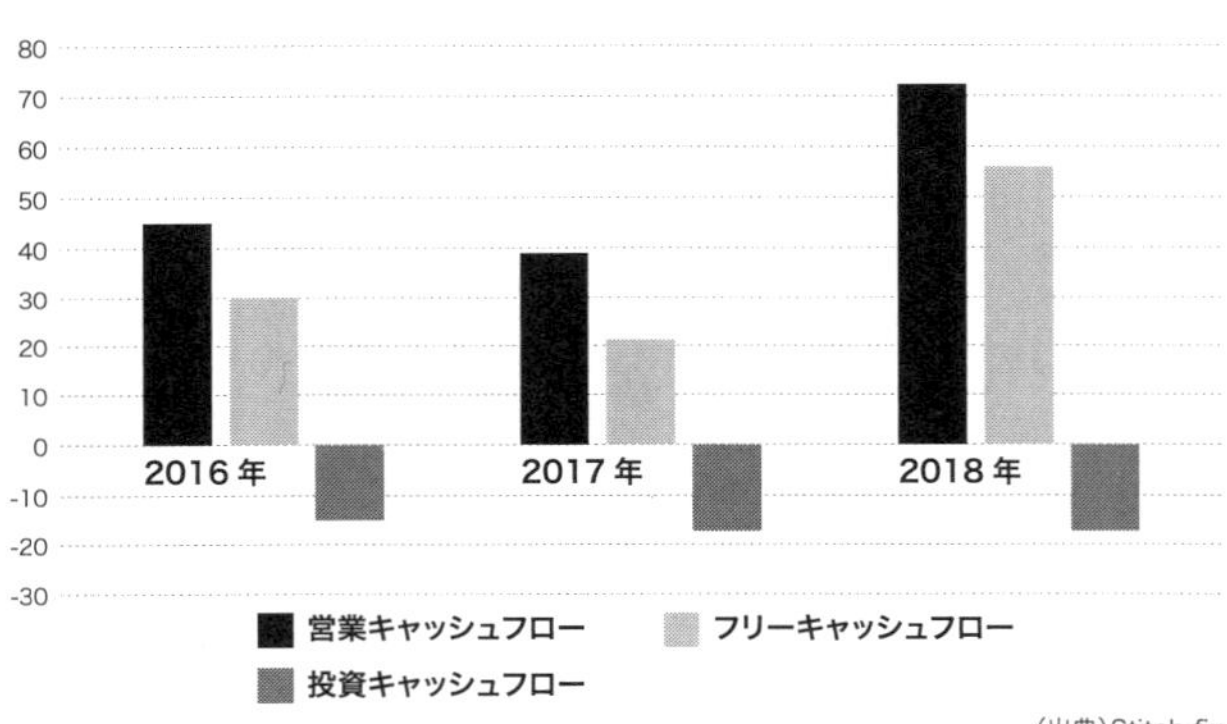

(出典)Stitch fix

図っています。さらに、海外展開の第1弾として、英国でサービスを開始することを発表しています。

　こうした急速なサービス拡充や海外展開は、スティッチフィックスの経営を圧迫しないのでしょうか。図表29では、２０１８年までの３年間で、本業のビジネスが上手くいっているかを示す営業キャッシュフローが黒字になっており、その範囲内で投資が行われていることが読み取れます。スティッチフィックスは利益をしっかりと確保した上で、投資も行っていることから、堅実な経営ができていると言えます。その上、売上高利益率も、２０１６年と２０１７年には44%、２０１８年には45%に達し、非常に高い水準を維持しています。会員の増加に伴い利益が伸びるという点で、ファイナンス面でも有利なポジションにあると言えます。

スティッチフィックスは、米国で展開するサブスク・ボックスの成功例のひとつであり、その経営も極めて順調です。２０１７年には株式上場を果たし、レイク氏は女性として史上最年少で上場した記録を打ち立てました。今後も順調に業績を伸ばし、優位性を維持していくためには、目利きの力をどこまで高めることができるかにかかっていると言えるでしょう。

11. レント・ザ・ランウェイのサプライチェーン変革の取り組みとは？

スティッチフィックスとは対照的にハイエンドモデルでサブスクを展開しているのがレント・ザ・ランウェイ（ＲＴＲ）です。パーティーや結婚式などのイベントに出席する女性に、スタイリッシュなデザインブランドのドレスを「買う」のではなく、「借りる」という選択肢で提供しています。

ニューヨークなどの大都市では、イベントやパーティーが頻繁に開催され、フォーマルウェアを着る機会が多いことから、決して安いとは言えないデザイナー・ドレスやバッグ、アクセサリー、靴などをその都度用意しなければなりません。レント・ザ・ランウェイは、「全ての女性のクローゼットをクラウド化する」という理念のもとで、こうした潜在的な需要の取り込みを図っています。米国全域をカバーすることを目標にして、現在、主要都市圏外に居住している顧客が60％を占めるに至っています。ニューヨークやロサンゼルスに住むキャリアウーマンだけでなく、地方でも徐々にサービスが浸透しつつあります。

レント・ザ・ランウェイは、２００９年にフォーマルウェアのレンタルサービス会社としてニューヨークで創業しました。パーティードレス中心で始まったサブスクですが、その後事業をカジュアルウェアにも拡大しています。１号店は、グリニッジ・ビレッジにある白いシンプルな店頭デザインが印象的な店で、旗艦店にもなっています。顧客が店で服を試着して、そのまま外出できるようにするとの考えから実店舗を増やし、現在、５箇所で運営しています。共同創業者の１人で現在ＣＥＯを務めるジェニファー・ハイマン氏は、今後、郊外にも店舗を拡大していくとの意向を示しています。

創業当時、レント・ザ・ランウェイは、デザイナー・ドレスなどを貸し出す従来型の貸衣装屋さんと同様に、単純なレンタル制を採用していました。プランは、１回30ドルで服のレンタルが利用できる「ＲＴＲリザーブ」だけでしたが、その後、サブスクを展開することで業績を伸ばし注目されるようになりました。会員数は前年比１２５％増で伸び続け、現在９００万人に達しています。

レント・ザ・ランウェイが提供するサブスクとして最も早く導入されたのが、「ＲＴＲアンリミテッド」です。ＲＴＲアンリミテッドは、２０１６年に月額１５９ドル（税抜）で1回に３つまでのアイテムを借りられる無制限プランとしてスタートしました。現在は、月額１５９ドル（税抜）で1回に４つまでのアイテムを借りられます。但し、最初の２ヶ月はトライアルで月額80ドルオフに設定されています。アディアムやグッチ、マルニなど５５０以上のデザイナーやブランドから、トップス、ボトムス、ドレス、コート、ハンドバッグなどのブランド・アイテムが選べるようになっており、アイテムの取り替えは自由で、返却期間の制限もありません。その上、プランの中に送料、保険料、クリーニング代等の費用が含まれています。

ＲＴＲアンリミテッドは主力サービスとして、レント・ザ・ランウェイの売上の大半を占めていました。利用者の平均年齢は33歳で、世帯収入が10万ドル以上の人が多くを占めていたため、それ以外の20代や10万ドル以下の顧客をいかにして取り込むかが大きな課題でした。

そこで、2017年に新たなプランとして登場したのが、「RTRアップデート」です。このプランは、米国中西部の20代前半の女性をターゲットにして、世帯収入が年間7万5000ドル以上の顧客の利用を想定したものです。利用者は、月額89ドルで1回に4つまでのアイテムを借りることができ、トリー・バーチやダイアンフォンファステンバーグ、オープニングセレモニー等のブランドから選べるようになっています。

ハイマン氏は当時、RTRアップデートを開始した意義を「新たな顧客層にリーチするためには、無制限プランを誰でも利用できるサービスにする必要があった。無制限プランの会員は、月に10点から15点のアイテムを利用している。つまり、月に3分の1から2分の1はレント・ザ・ランウェイでレンタルした服を着ていることになる。価格を下げれば、(Zara や H&M などの) ファストファッションで満足していた何百万という女性に、これまでは手が届かなかった有名デザイナーの洋服を着てもらえる。〝月に一度、Zara で買い物すべきか、あるいはレント・ザ・ランウェイでデザイナー服を選ぶべきか?〟という問いに対して、明白な答えができるようにしたい」と述べています。

レント・ザ・ランウェイは、ひとつのアイテムが複数回レンタルされなければ収益にならないというビジネスモデルを採っています。そのため、服のクリーニングやメンテナンスで生じる膨大な作業は、主要なプロセスのひとつとなります。レント・ザ・ランウェイの倉庫は、在庫管理としての機能に加え、こうした作業の必要性から、米国最大のドライクリーニング工場にもなっています。２０１８年には、バージニア州南アーリントンに30万平方フィート以上を確保して、２つ目の大型ディストリビューションセンターを新たに建設しています。

レント・ザ・ランウェイにとって、デザイナーとの関係性も重視されます。この点について、ハイマン氏は、「デザイナーは、世界でファッションを楽しむ女性にとってのクリエーターだ。しかし、今日の問題は、そうしたデザイナーが殆ど儲かっていないことである。小売業者はデザイナーに大きな負担を強いてマージンを搾取している。さらに問題なのは、Zara や H&M、Forever21 といったファストファッションやプライベートレーベルがデザイナーのデザインを真似して、短期間で商品化して、デザイナーではあり得ない低価格で数千万もの女性に商品を売りつけていることだ。だからこそ、我社はサブスクの会員料金を下げ続けて、それをデザイナー商品で実現していくのだ」と主張しています。

レント・ザ・ランウェイは、こうした小売業者やファストファッション、プライベートレーベルとは異なり、デザイナーを重視して良好な関係を構築しています。レント・ザ・

ランウェイでは、全ての商品を買い取るため、デザイナーの報酬が下がることはないのです。サブスクの月額料金を下げることで会員数が増えれば、もっと多くの在庫が必要となります。そうなれば、デザイナーからより多くの商品を仕入れることになり、デザイナーの報酬はむしろ増えることになるのです。

また、レント・ザ・ランウェイは、顧客がどのようなものを着ているのか、どのようなものに反応するのかなど、デザインを作り出す工程で重要となる膨大な情報をデザイナーに提供しています。より多くのアイテムが頻繁に入れ替わりレンタルされるほど、より多くの情報を得ることができます。縫製がほつれたり、仕上がりが良くないといった洋服の製造工程に至るまでの有益な情報を伝えることで、より高品質の製品を作り出す手助けとなるのです。

誰もがファストファッションに脅威を感じています。なぜなら、ファストファッションは、デザイナーなら半年かかるところを、僅か2週間でデザインをアイディアから実際の商品に仕上げるからです。ハイマン氏は、「レント・ザ・ランウェイにとって重要なのは、顧客ニーズに迅速に応(こた)えることだ。それには、最新のアイテムを常時揃えておく必要性があるる」と述べています。これを実現するための早道こそが、デザイナーを重視する姿勢なのです。それゆえ、レント・ザ・ランウェイは、オペレーションの効率化を図りながら、サブスクを顧客にできるだけ低価格で提供することで、ファッション業界のサプライチェーンの変革に取り組んでいるのです。

12. ショッパーを活用したインスタカートの戦略とは？

米国の食料品小売業界では、デジタル化に向けた競争が激しくなっています。今やアマゾン全盛の時代、アプリを使えば何でも買えてその日のうちに宅配してくれますが、シェアリングエコノミーをベースにしたビジネスで、従量制によるサブスク・ボックスを展開して消費者とリテール店の両方から支持を集めているのがインスタカートです。

インスタカートは、生鮮品を中心とした食料品を最短1時間でデリバリーしてくれるサービスです。全米の1万5000箇所にある300の食料品のリテール店と提携し、これら小売店の在庫を自社のECサイトで販売することで、彼らが自前でできないことをまとめて代行しています。時間を節約してもっと楽に買い物をしたいと考える消費者のニーズと、沢山の在庫を抱え、より効率的に商品を回転させたいという大型リテール店のニーズを上手くマッチングしているのです。

食料品小売業界では、殆どのリテール店が、アマゾンのホールフーズと短時間配送サービスである Amazon Prime Now（プライムナウ）に押されて、苦戦する状況が続いています。インスタカートと提携することで、デジタル化による潜在需要の取り込みが可能となり、経営効率を高めることができるため、リテール店は自社の得意分野に集中できるようになります。

インスタカートは、オンライン注文、食料品のピッキング、配送の３つを行うロジスティクスを構築して、既存のリテール店が実行できない「買い物をする」という足回りの部分を代行して、顧客価値を提供しています。顧客の注文は、自社サイトの他にスマホアプリを活用して、オン・デマンドで取り込みます。個々の注文に応じたピックアップと配送は、クラウドソーシング（ネットで不特定多数のワーカーを集め業務を依頼する仕組み）で集めたショッパーを活用して展開します。近くでタイミングよくショッパーが捕まれば、顧客は最短１時間で食品を受け取ることができます。

ショッパーになるには、まず、インスタカートの採用サイトで個人情報を登録します。支払い時に必要なデビットカードをアクティベートした後、専用アプリで勤務時間を指定すれば、設定が完了となります。インスタカート側で応募者のバックグラウンドチェック

（背景調査）を行い、審査に通れば、ショッパー用のデビットカードと共に採用通知が郵送されます。手続きが簡単な上、チェックもスピーディであるため、インスタカートのショッパーは今や6万人にも達しています。

ショッパーには、勤務の30分前に勤務時間や宅配対象エリアである「ゾーン」などが掲載されたテキストメッセージが届きます。指定されたゾーンで待機すると、買い物をする店と届け先などの顧客情報が届くので、その指示に従い店舗に向かいます。買い物リストは買い物が最も早く完了するよう予め順位付けされています。この順番に従って買い物を進め、該当の商品を見つけるごとに「アイテム発見ボタン」をタップして、商品バーコードをスキャンしていきます。商品や数量が異なるとアラートが出されるのでピッキングをやり直し、ピッキング後は、買い物リストから商品が削除されます。欠品があれば欠品ボタンをタップして、顧客が指定した代替品を購入しますが、無い場合にはショッパーが自分の裁量で選ぶか、顧客に連絡して確認を取ります。会計を済ませ、レシートのバーコードを専用アプリに読み込ませると、ピッキングが完了となるので宅配に移ります。

スピーディなショッピングで顧客満足度の高いショッパーは、エリート・ショッパーとしてトップ25％に位置付けられボーナスが支給されます。その上、勤務時間なども優先的に選択することが可能になります。こうした仕組みにより、ショッパーの質を向上させながら、インスタカートは短時間配送を実現しているのです。

他方でインスタカートは、買い物代行業を超えた価値も提供しています。膨大な顧客データを解析して得られたインサイト（購買意欲の核心など）をリテール店にフィードバックすることを最優先にしているのです。例えば、注文が繰り返される頻度やパターンを調査したり、顧客が探している商品を売られている商品や売られていない商品と比較したり、地域ごとの在庫状況を分析したりしています。

こうした情報を得ることで、リテール店は、顧客に勧める商品の選定や在庫に関する判断をより適切に行うことができるようになります。欠品の際に顧客の意向に沿う最適な代替品を予測することがその一例です。この点について、インスタカートでCBO（最高業務責任者）を務めるニラム・ガネンスリアン氏は、「顧客にはそれぞれの好みがあるため、その好みに対応してくれた食料品店に報いてくれるようになるだろう。これが食料品小売業界で期待していることだ。（中略）つまり、ミクロレベルで顧客を理解する必要がある。これは極めて難しいことだが、我々はそのためのテクノロジーとチームを構築している」と述べています。

リテール店にしてみれば、顧客ロイヤリティの構築は極めて重要であるものの、それには多大な労力や時間、さらには困難を伴うことから、こうしたインスタカートの方針は歓迎されることになります。アマゾンのように顧客データを自社で溜め込むクローズドな戦略とは異なるアプローチです。インスタカートは、より多くのリテール店と良好なリレーションシップを築くことで、連合体としてのフォーメーションを作り出し、アマゾン包囲網を形成することが可能となります。

２０１２年にサンフランシスコで創業したインスタカートは、既に、クローガーやコストコ、アルバートソンズなど大手食品スーパー８社と契約し、ウェグマンズやプライスチョッパーなどの中堅食品スーパーとも提携しています。アマゾンのホールフーズ買収により、２０１４年から提携していたホールフーズとの関係は解消されましたが、逆にプライムナウとの提携を解消したスプラウツ・ファーマーズ・マーケットと提携するなどして、リテール店との提携を着実に増やしています。

インスタカートの利用は、インスタカートのサイトでも可能ですが、スマホアプリでも活用されています。スマホからアプリをダウンロードして、ホーム画面からジップコード（郵便番号）を入力すると、ショッピングの形態、すなわち、家族なのか、自分なのか、仕事なのかを訊かれます。その後、その地域で提携しているスーパーなどが表示されます。例えば、ニューヨーク州では、ブルックリンフェア、フェアウェイマーケット、コストコ、CVSファーマシーなどです。表示は、「All（全店）」、「Biggest Savings（クーポン適用などの最大節約店）」、「Drugstore（ドラッグストア）」、「Groceries（食料品店）」、「Pet Supplies（ペット用品店）」の5つのカテゴリーから選択できるようになっています。

店舗を指定すると、ニューヨークでの人気商品やお薦め商品の他に、肉・シーフード、果物、ベイカリー・デザート、オーガニックなどカテゴリー別に商品が表示されます。その他にも、クーポンやプライベートブランドなどのカテゴリーからも商品を選択できるようになっています。買う商品をショッピングカートに入れると、最低購入金額（10ドル以上）が表示されます。購入画面で、宅配先住所、宅配時間（2時間もしくは2時間以内）、連絡先などを入力し、商品や数量などを確認した後、ドライバーチップ（2ドルから）を選択して決済が完了します。

宅配手数料は購入金額によって異なります。購入金額が35ドル以下で宅配時間が2時間の場合、ニューヨーク州では基本的には14・99ドルですが、Busy（混雑）表示の時間帯は、その混雑状況次第で、15・99ドル、16・99ドルなど1ドルずつ金額が上乗せされます。35

ドル以上の場合には基本が10・99ドルで、あとの条件は同じです。ただ、年会費１４９ドルを支払ってインスタカート・エクスプレス会員になると、配送手数料は無料となります。

　創業当初は、商品の購入価格は店頭価格よりも10～20％程度割高でした。事業の成長や規模の拡大と共に、インスタカートはさまざまなリテール店と良好な関係を築き上げることで、店頭価格での購入が可能となりました。さらに、クーポンの適用などで購入価格は一層抑えられるようになりました。配送手数料で多少料金はかさみますが、２時間以内での宅配は非常に利便性が高いと言えます。特に子育て中の主婦や外出が難しい高齢者にとっては、価値あるサービスです。それゆえ、将来的に、インスタカートと同じような宅配企業が増えることが予想されます。

　リテールの買い物代行業は、ウーバーやエアビーアンドビーなど近年参入が相次ぐタクシーやホテルなどのように、営業許可や複雑な規制がある業界と異なり、殆ど規制がない業界です。こうした参入障壁が低い市場に競合他社がローエンドモデルで参入してきた時、インスタカートは正念場を迎えることになるでしょう。

13. ルートクレイトはニッチをどのようにして取り込んだのか？

米国では、少し変わり種のサブスク・ボックスも人気を集めています。それは、厳選したアメコミやゲームキャラクター、映画などのいわゆるポップカルチャーグッズを毎月定額で届けるルートクレイトで、男性部門でトップ10にランクインしています（図表14）。

ルートクレイトの創業者であるクリス・デイビス氏は、２０１２年の会社設立以前に、アメコミやゲームファンに秘密の箱（クレイト）を毎月届けることで、何物にも代え難い体験をしてもらうことができるという構想を抱いていました。この構想は、コミコン・インターナショナル（毎年夏に米国カリフォルニア州サンディエゴなどで開催される、漫画などの大衆文化に関するコンベンションの大規模イベント）で、「Comic-Con in the Box」というアイディアとして披露されました。まるでコミコンに参加しているような気分になれるものを箱に詰めて自宅に届けてもらえるというこのアイディアは、アニメ文化が根付くロサンゼルスでは大きな反響を呼びました。

会社設立後は、こうしたコミコンで知名度を上げると共に、会員が YouTube でルートクレイトの箱の中身を定期的に紹介する動画が人気となり、米国の熱狂的なファンだけでなく、全世界から会員を取り込むことに成功しています。実際、２０１６年に初めて海外拠点を設けた英国を足掛かりとして、フランス、英国、イタリアを中心にアニメ文化が浸透している国に市場を拡大し、既に海外34ヶ国に展開しています。設立から2年間で会員数は20万人を超え、２０１７年には65万人に達しています。

ルートクレイトで宅配される箱の中身は、フィギュア、単行本、Tシャツ、靴下、キャラクター小物アクセサリー、小物入れなど、さまざまなグッズです。これらのグッズは、全部で27種類あり、毎回、4～5点が箱に入っています。グッズを新作映画の公開イベントに合わせることで、受け取る会員自らがファンとしてあたかも行事に参加しているかのような優越感に浸れるのです。例えば、『ウォーキング・デッド』のような映画やアニメの公開に合わせたり、あるいは新作ゲームの公開に合わせたりすることで主力商品の構成を決めるなどして、タイムリーな商品開発を心掛けているのです。

ルートクレイトは、商品カテゴリーとして、「ポップカルチャークレイト」、「ゲーミングクレイト」、「フィルム＋TVクレイト」、「サイエンス・フィクション＋ファンタジークレイト」の４つを用意しています。

ポップカルチャークレイトでは、ルートクレイト（29・95ドル）、ルートクレイトデラックス（74・99ドル）、ルートウェア（Tシャツや靴下など価格は個別に設定）、ルートフライト（34・99ドル）の4つのタイプがあり、いずれも契約期間（1ヶ月、3ヶ月、6ヶ月、12ヶ月）やサイズ（S、M、Lなど）が選択できるようになっています。

ゲーミングクレイトでは、ルートゲーミング（34・95ドル）、フォールアウト（49・99ドル）、ジ・エルダー・スクロールズ（65・00ドル）の3つのタイプがあります。『ジ・エルダー・スクロールズ』は、3Dで描かれたマップを旅するコンピューターRPGです。シリーズ化されていますが、どのシリーズもムンダスという空間にある惑星ニルンが物語の主要な舞台になっていて、主人公はその惑星の中にあるタムリエルと呼ばれる大陸や地方で活躍します。

また、過去に人気タイトルになったものもあります。『ゴッド・オブ・ウォー』は、ソニー・コンピュータエンタテインメントのSCEサンタモニカスタジオが開発したプレイステーション2用3Dアクションアドベンチャーゲームです。米国では、ギリシャ神話を題材にした暴力描写やストーリー・グラフィック・サウンドなどの高い完成度が話題となり、一躍SCEを代表する人気タイトルとなりました。

フィルム+TVクレイトでは、デッドプール（44・99ドル）、マーベル関連グッズ（59・99ドル）、アダルトスイム（50・00ドル）、リック・アンド・モーティ（52・99ドル）の4つのタイプがあります。

デッドプールは、マーベル・コミックス出版の X-MEN シリーズに登場する傭兵(ようへい)であり、ヒーローでもあります。アダルトスイムとは、米国のカートゥーン・ネットワークで、大人向けにＴＶ番組を編成するために設定した放送時間帯のことですが、この時間帯の中で放送されたのが『リック・アンド・モーティ』で、大人向けのサイエンス・フィクションのシチュエーション・コメディアニメとして知られています。この作品では、アルコール依存症の科学者リックと、リックに影響を受けやすい孫のモーティとその家族との生活の中で起こる冒険やトラブルを描いています。

ゲーミングクレイトにしても、フィルム＋ＴＶクレイトにしても、それぞれのタイプごとに、人気のゲームやアニメのタイトルに関連するグッズが集められており、マニアにはたまらない構成になっています。

サイエンス・フィクション＋ファンタジークレイトでは、ウィザーディング・ワールド（49・99ドル）、ファイヤーフライ（49・99ドル）、スター・トレック（49・99ドル）、ロード・オブ・ザ・リング（74・99ドル）、スター・ウォーズ（74・99ドル）の５つのタイプがあります。

ウィザーディング・ワールドは、「ウィザーディング・ワールド・オブ・ハリー・ポッター」としてユニバーサルスタジオのテーマパーク内に作られたハリー・ポッターの世界観を再現したアトラクションで、ホグワーツ城やホグズミード村などが再現されています。ファイヤーフライは、米国のSFTVドラマシリーズ『ファイヤーフライ 宇宙大戦争』で、2517年の未来を舞台にした伝統的な西部劇をモチーフとする宇宙冒険活劇です。

いずれのタイプもSFファンタジーを題材にしたヒット作品で、TV番組や映画で人気の高いキャラクターのレアものの関連グッズが手に入るということで、サイトでは売り切れの表示になっているものが殆どです。

他方で、ルートクレイトは、まだ無名の漫画などを世の中に紹介することで、新たなトレンドを作り出しています。例えば、『レディ・プレイヤー1』は、環境汚染や気候変動、政治機能不全により地球が荒廃する2045年に、オアシスというVR世界に現実逃避する人々を描いた作品ですが、関連グッズをルートクレイトの箱に入れたことで人気が高まり、ニューヨークタイムズ紙のベストセラーに選出されています。

熱狂的なファンが多いルートクレイトの会員にとっても、有名になる前の商品をいち早く入手できることは非常に魅力的であり、一方で、メーカーや配給会社などの企業にとっても、65万人を超える会員がインフルエンサー（世間に与える影響力が大きい行動を取る人たち）としての機能を果たしてくれるので、プロモーションとして活用できるという点で大きな効果が期待できるのです。

ルートクレイトの成功の秘訣（ひけつ）は、アメコミやゲームなどのファン層に、彼らが驚愕したり小躍りしたりするグッズを届けることにより、今までにない価値を新たに提供している点にあります。これまで手にしたことの無いグッズを入手することは希少性が高く、他では味わえない貴重な体験であることから、熱狂的なファン層にとっては極めて魅力的なのです。

こうした希少性の高い体験は、会員数を伸ばしてきた要因であると共に、今後の経営課題を解決するヒントにもなります。つまり、ルートクレイトが今後さらに会員数を増やすためには、自社のオリジナル商品をいかに増やすかが重要になってきます。ルートクレイトは、２０１２年の設立当初は、全ての商品を他社製品に依存していましたが、その後、自社商品の割合を増やしてきました。そのための手法として、知的財産権所有者との共同開発を採用しています。共同で開発し生産することにより知的財産権を取得し、独占販売権を確保しているのです。例えば、ハローキティなどサンリオ商品を宅配するルートサンリオ（LOOT SANRIO）シリーズは、サンリオから許可を取得して、ルートクレイト製品として100%自社生産しています。

ルートクレイトの今後の課題は、知的財産権所有者との共同開発の拡大にあります。実際、知的財産権の問題で、アニメ関連グッズを詰め込んだルートアニメは、日本、韓国、シンガポールでは展開できませんでした。ルートクレイトが将来的にスケールアウトできるか否かは、独占販売権の確保によるオリジナル商品の提供が鍵を握ります。

第Ⅳ章　未来社会に広がる成長機会

——新たなる成長機会を捉えるサブスク

1．少子高齢化の進展はさまざまな問題を引き起こす

これまで見てきたように、現在あらゆる分野でサブスク化は進み、社会現象にもなっています。アラカルトの中には、少しずつサブスクへとシフトしているものもあります。究極的には、消費行動のサブスク化は進むと考えられます。なぜなら、その兆候が既に至る所で表れているからです。サブスク化が進む要因には、さまざまなものがあります。「少子高齢化の進展」に始まり、「格差社会の進展」、「ＡＩの代替」などです。それでは、少子高齢化の進展から見ていくことにしましょう。

少子高齢化の進展は、今や日本が懸念すべき最大級の問題のひとつとなっています。総務省統計局や厚生労働省などによる人口推計調査が示す少子高齢化の進展を見ると、日本の総人口の減少が３割に到達する２０６５年には、高齢者を支える労働力人口の減少が４割に達するという由々しき状況に追い込まれることになります。さらに、少子高齢化が短期間に起こることになれば、社会保障や財政などの社会システムが対応しきれなくなるという大きな問題も抱えています。

少子化は、合計特殊出生率（一般的には「出生率」）の低下により子供の数が減少するこ

とで、出生率は、1人の女性が生涯に出産する子供数の推計値を指します。日本人が存続するためには、あるいは平たく言えば、現在の人口規模を維持するためには、出生率が2・00（実質的には若年での死亡があるので、約2・08を下回ると人口が減少に転ずる）で推移する必要があります。

平成30年9月に厚生労働省が公表した「平成29年（2017年）人口動態統計（確定数）の概況」における「合計特殊出生率について」によると、1970年以降、出生率が2・00を上回ったのは1974年の2・05が最後で、その後減少傾向にあり、2005年に1・26まで下がりました。その後2015年には1・45まで回復しましたが、2016年には1・44、2017年には1・43と再度減少に転じています。

一方、出生数は1975年に200万人台を割り込み、その後は減少が続き、2016年にはついに100万人台を下回り、現在では減少に歯止めがかからない状況にあります。2017年も95万人弱と2年連続で100万人を割り込み、最も出生数の多かった第一次ベビーブーム期（1947〜1949年）の3割強まで落ち込んでいます。

出生率は2005年を底に2017年まで回復しつつあるのに対して、出生数は2005年以降も減少し続けています。これは、出産適齢期（20〜39歳）の女性人口そのものが減少しているためで、2017年（1348万人）は2005年（1689万人）に比べ、約2割も減少しています。子供を産む女性の数そのものが減少していることは、少子化がさらに少子化を引き起こすことの表れでもあります。

それではなぜ、少子化はこのように進んできたのでしょうか。多くの要因が存在しそれらが複雑に絡み合った結果であると考えられますが、一番の要因は、生き方が多様化したことです。その契機となっているのは、やはり社会制度や社会事象などです。例えば、1986年に施行された男女雇用機会均等法により、女性の社会進出が促進されました。また、1990年以降に制定された一連の労働関連法により非正規雇用が増加したことや、1997年の金融システム危機以降、労働賃金が伸びなくなったことは、我々に生き方の見直しを迫るものでした。これらはいずれも、結婚して子供を持つことを前提にする人生だけが当たり前ではなくなったことの証左であり、まさに生き方が多様化する契機となりました。

総務省統計局の調査によると、高齢者人口である65歳以上の人口は、1980年に1065万人と1000万人を超えましたが、総人口に占める割合は9・1%と1割に満たない程度でした。その後増加する速度が速くなり、2015年には3388万人に達し、総人口に占める割合も26・7％と、まさに４人に１人が65歳以上の高齢者になりました。

世界保健機関（ＷＨＯ）は、高齢化率（総人口に占める高齢者の比率）が７％を超えると「高齢化社会」、14％超では「高齢社会」、21％以上では「超高齢社会」と定義していますが、これに照らせば、日本は既に超高齢社会に突入しています。

この増加傾向は今後も続くと見られ、国立社会保障・人口問題研究所の推計によると、２０２５年には高齢者人口は３６７７万人となり、総人口に占める割合は30・０％に達するとされています。２０２５年は、１９４７年から１９４９年生まれの団塊世代８００万人が全て75歳を迎える年、すなわち、後期高齢者となる年で、「２０２５年問題」とも言われています。

その後、総人口の３人に１人が高齢者になる２０３６年を過ぎると、２０４２年には高齢者数は３９３５万人となりピークを迎えます。この年は、団塊ジュニア（１９７１年から１９７４年生まれ）が全て高齢者になるという意味で、「２０４２年問題」と呼ばれています。さらに、２０６５年には、高齢化率が38・４％とピークを迎える見通しで、総人口は約９０００万人に減少することになります。

こうした超高齢社会では、税金や保険料を負担する現役世代が減少するのに対して、年金や社会保障を受ける高齢者の数が増加することから、高齢者の社会保障費が賄いきれなくなり、現行の社会システムが破綻してしまうのではないかと懸念されています。現行の社会システムが破綻するなら、新しいシステムを構築すれば良いということになりますが、問題はそう単純なものではないのです。なぜなら、新しいシステムを構築するための財源の見通しが立たないからです。

現状では、社会保障費の財源の候補は、所得税や消費税、法人税などですが、中でも最も有力なのが消費税です。というのも、消費税の増税は、景気や人口構成の変化に左右されにくく、税収が安定していることや、働く世代など特定の人に負担が集中することなく、経済活動に中立的であるという点で、他の財源よりも優れているからです。

消費税は今年の10月に、現行の８%から10%に引き上げられる予定ですが、さらなる引き上げが必要になることは必須です。なぜなら、国の一般会計に占める社会保障関係費（年金、医療、介護、子供・子育て支援）は、１９９０年度の11・６兆円から２０１８年度は33兆円と約３倍に拡大しており、内閣の試算では、団塊世代が後期高齢者となる２０２５年には41兆円に達し、財政を大きく圧迫することになるからです。この数字から考えれば、将来的に、消費税は25～30%程度まで引き上げないと高齢者を支え切れなくなる可能性が高いと言えます。

政府が２０１８年10月に表明した消費税引き上げ方針では、２％の消費税率引き上げで見込まれる税収増は約５・６兆円で、その使い途は、赤字国債の発行を抑制する「将来世代の負担軽減」に２・８兆円、幼児・高等教育の無償化などの「少子化対策」に１・７兆円、「社会保障の充実」に１・１兆円となっています。２０１８年度の政府試算では、社会保障４経費と消費税収との乖離は、15・５兆円にも上ることから、10月の消費税２％の引き上げで社会保障の充実に１・１兆円が投入されたとしても、十分に賄いきれないことは明白です。

このように、第一義的には、消費税を段階的に引き上げることで、社会保障費を捻出していくことになりますが、それだけで社会保障費の財源が補えなければ、働く現役世代の所得税や社会保険料を引き上げたり、高齢者の医療費や介護費の自己負担を増額したり年金の減額をしたりするなどして対応せざるを得なくなるのです。

2. 肩車社会の到来で企業は消費需要をいかにして取り込むのか？

日本の人口減少が深刻なのは、少子化や高齢化が進むと共に、生産活動に従事する年齢の人口である「生産年齢人口（15～64歳）」が減少するという大きな問題が絡み合っている点です。とりわけ、生産年齢人口の過度な減少は、所得税や住民税、社会保険料などの歳入の不足を招くことになります。

生産年齢人口は戦後一貫して増加し続け、１９９５年に８７２６万人でピークを迎え、その後は減少に転じて、２０１５年には７７２８万人まで減少し、現在もその傾向が続いています（図表30）。この20年間で総人口は減っていないにも拘らず、生産年齢人口は概ね１０００万人も減っているのです。

こうした減少傾向は今後も続きます。国立社会保障・人口問題研究所の推計によると、２０２９年、２０４０年、２０５６年には、それぞれ７０００万人、６０００万人、５０００万人を割り込むことになると見られています。最終的に、生産年齢人口は、２０６９年にピーク時の約半分である４３２７万人まで減少すると推計されています。これに伴い、生産年齢人口の総人口に対する割合は、２０１５年の60・８％から40年後の２０６５年には51・４％まで減少すると見込まれているのです（図表31）。

生産年齢人口の割合が減少するということは、日本の将来においてさまざまな観点から多角的な問題を抱えることになります。ＧＤＰ成長率に影響を与えるという側面から見れ

【図表30】年齢3区分別人口の推移
ー出生中位(死亡中位)推計ー

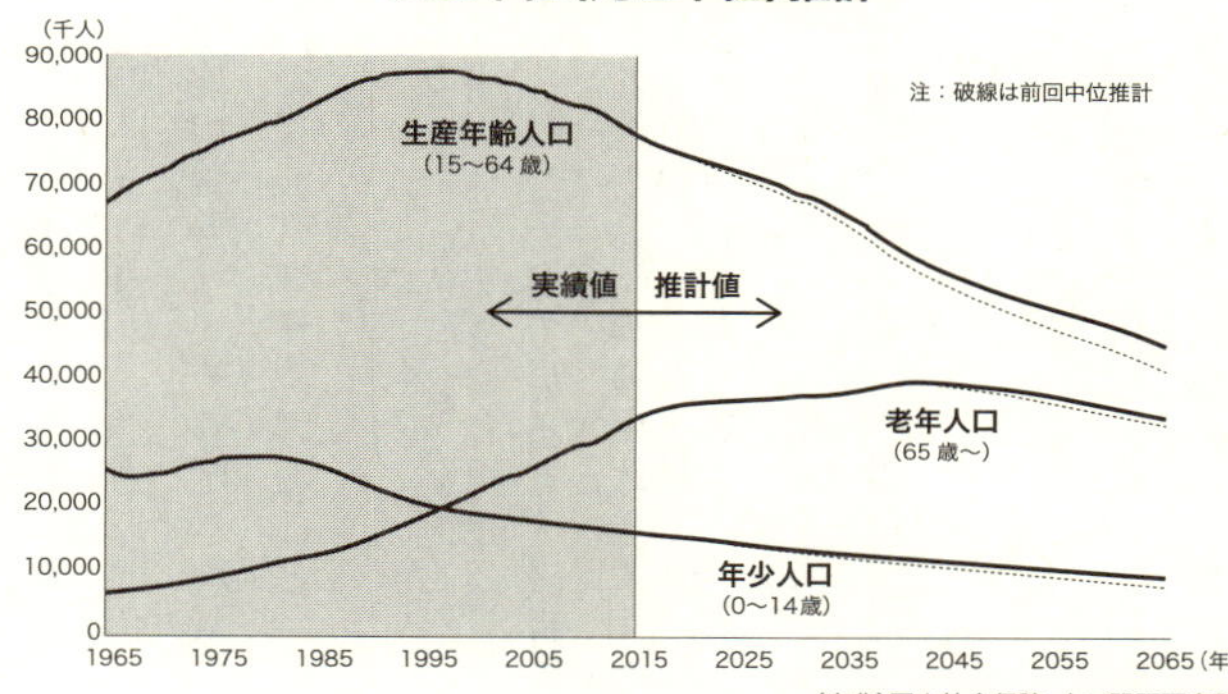

(出典)国立社会保障・人口問題研究所

(注)日本の将来推計人口は、将来の出生推移・死亡推移について
それぞれ中位、高位、低位の3仮定を設けて算出されている

【図表31】年齢3区分別人口割合の推移
ー出生中位(死亡中位)推計ー

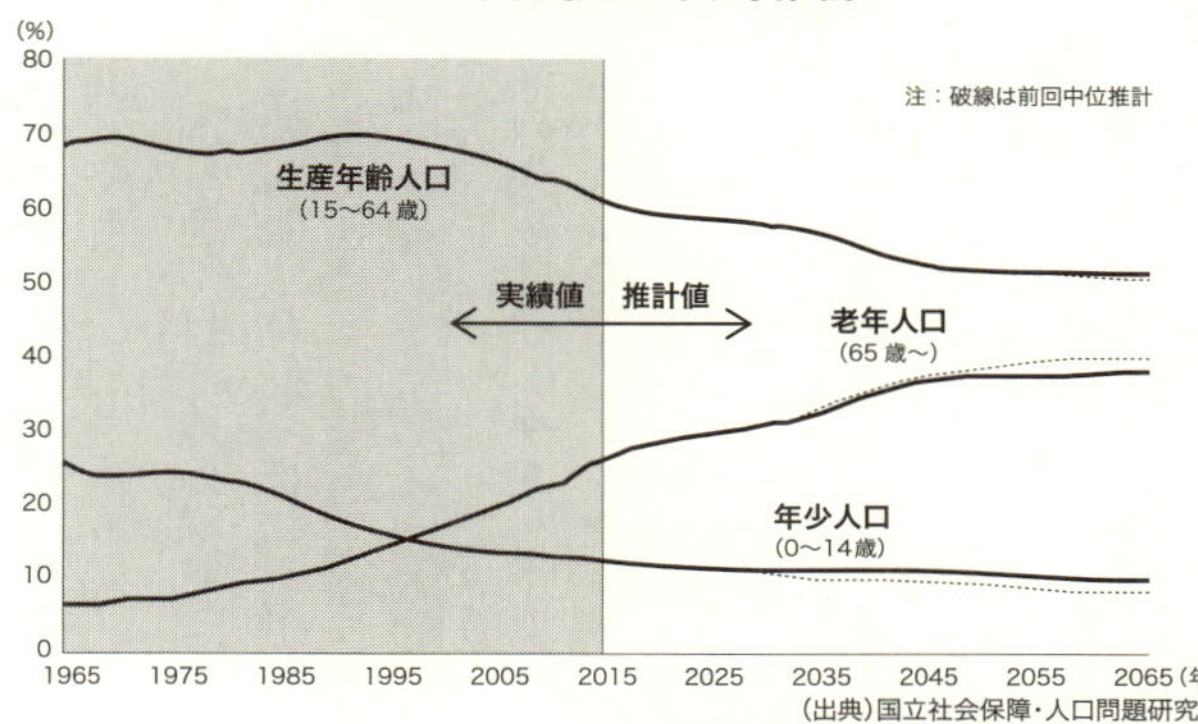

(出典)国立社会保障・人口問題研究所

(注)日本の将来推計人口は、将来の出生推移・死亡推移について
それぞれ中位、高位、低位の3仮定を設けて算出されている

ば、国力の低下を招くことになり、先進国との競争に打ち勝つことができないという状況にも追い込まれます。他方、財政への影響という側面から考えると、労働人口の中核を担う人の数が減少し、その比率が減少していくことは、国や地方自治体の税収に加え、社会保険料の収入も減り続けることになるため、財政の持続可能性が危ぶまれる事態に陥ることにも繋(つな)がります。

世代間の扶養関係を、高齢者1人に対して現役世代である生産年齢人口が何人で支えているかという視点で見ると、高齢者を支える現役世代の人数は、1960年では11・2人だったことから、現役世代1人当たりの負担は重いものではありませんでした。しかし、少子高齢化が進むにつれて、その数が1980年には7・4人、2000年には3・9人、2015年には2・3人と負担が重くなっているのです。

内閣府が、国立社会保障・人口問題研究所の「日本の将来推計人口（平成24年1月推計）」を基に作成した推計では、現在の状況が継続した場合、2060年、2110年のそれぞれの時点には、高齢者1人に対して現役世代が約1人になることが分かっています。まさに、高齢者と現役世代の人口が1対1に近づいた社会である「肩車社会」が訪れることになるのです。肩車社会の到来は、社会保障に関する給付と負担の間のアンバランスを一層強めることになります。

日本は戦後、団塊世代や団塊ジュニア世代を中心に、生産年齢人口が順調に増加したことから、総人口に占める年少人口（0〜14歳）や老年人口（65歳以上）の割合を小さく抑えることができました。そのため、生産年齢人口が生み出した富の多くを、年少人口の教育や老年人口の社会保障に充てなくて済んだのです。残った多くの富は、国民や企業が消費や投資に回すことができました。その結果、日本は1970年代までに高い経済成長率を達成することができたというわけです。

高齢者の増加と共に生産年齢人口が減少し、総人口に占める割合が小さくなれば、現役世代が生み出した富のうちのかなりの部分を社会保障に振り向けざるを得なくなります。こうした将来の不安に備えて、国民は次第に貯蓄を優先し消費を抑えるようになり、他方で企業は将来の人口減少による需要の減少を見越して投資を控えるようになっていくのです。

このように、国内における消費や投資に回るお金が縮小し続けることになれば、所有から利用へという消費行動の変化はさらに強まると考えられます。本当に必要なものだけを所有して、あとはシェアなどによる利用に切り替え、家庭ではできるだけ出費を抑えるというのが基本になります。企業もそれに合わせ、アラカルトよりもサブスクを用意して、割安感を訴求しながら消費需要を取り込むようになっていくのです。

3．日本は階層帰属意識の分散傾向が強まり格差社会が進展する

長い間、日本人は、「自分の生活程度は、世間一般から見てどの程度なのか」という質問に対して、「自分たちは中流である」という回答を繰り返し示してきました。自分は裕福ではないが貧乏でもないという中流への階層帰属意識は、戦後の日本の経済成長を反映するものでした。日本人にとって、これまで「１億総中流」は常識だったのです。

内閣府が２０１８年６月に公表した「国民生活に関する世論調査」では、現在の生活について自分の生活程度は「中」であると回答した人は、平成30年（２０１８年）では92・7％に上ります（図表32）。昭和39年（１９６４年）の87・１％と比較すると、50年余りの間に実に５・６ポイント上昇しています。この結果に基づけば、確かに中流意識がより強くなっていると捉えることができますが、実際には、中流の階層帰属意識は分散しています。

平成30年の数値を昭和39年と比較して、「中」と回答した人の内訳を見てみると、「中の

【図表32】「国民生活に関する世論調査」における生活程度の変化

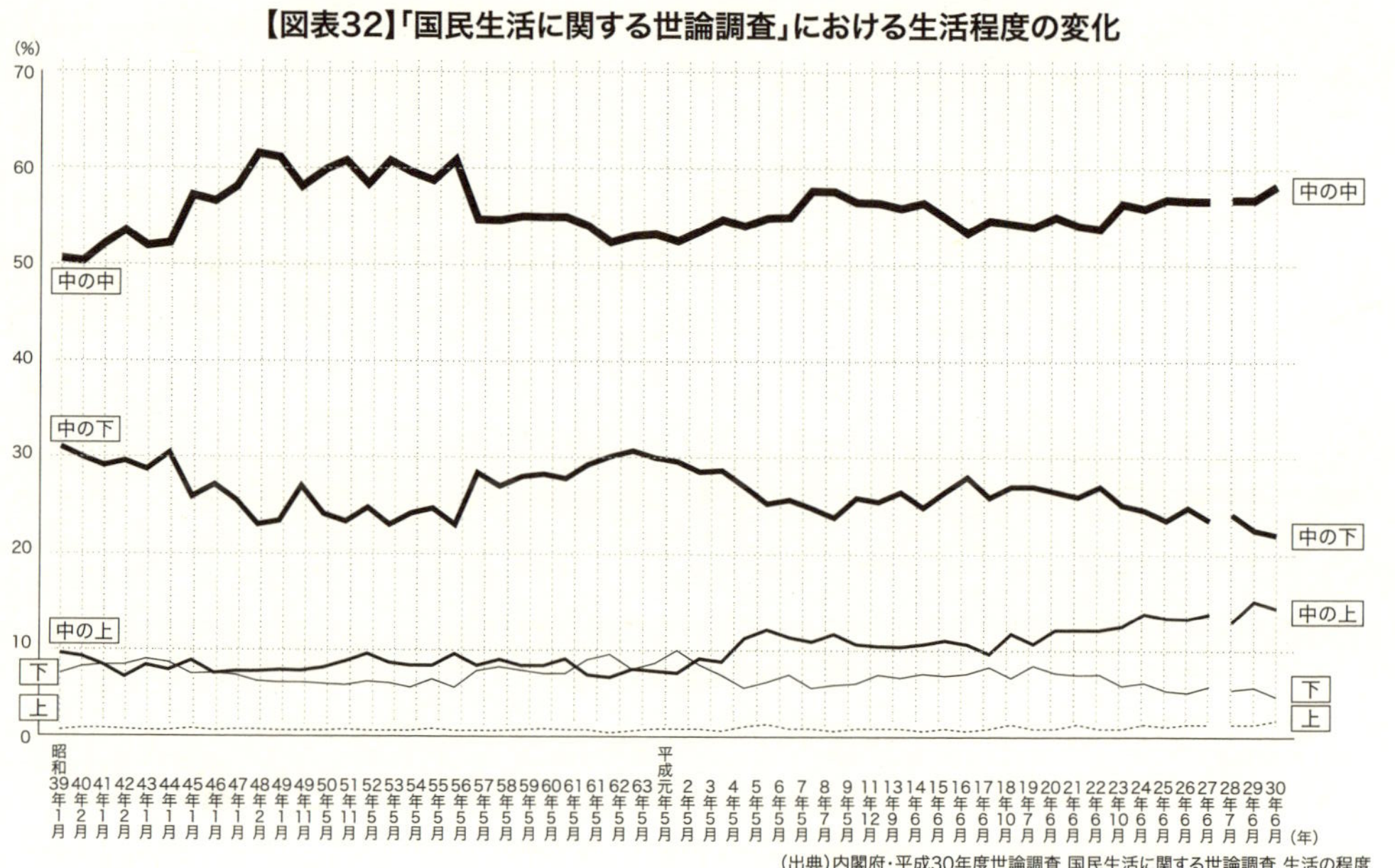

（出典）内閣府・平成30年度世論調査 国民生活に関する世論調査 生活の程度

上」並びに「中の中」と回答した人は、7ポイント、7・8ポイントとそれぞれ上昇しているのに対して、「中の下」と回答した人は、逆に、9・2ポイント減少しています。これは、「中」に位置する人たちの一部が、自分は人並みより上であると意識するようになり、他の「中」に位置する人たちと明確に異なるという意識が強くなりつつあることの証左でもあります。

日本人は長い間、自分の生活程度は「中」であると考える傾向が強かったと言えます。しかし、次第に「中」という階層の帰属意識と実際の所得階層との対応関係が強くなることで、豊かな人たちは、自分たちを人並みより上であると考えるようになり、やがて社会の中で現実に占める位置と一致するようになってきたのです。

このように、階層帰属意識の分散傾向が強まることで、日本でも次第に「格差社会」という言葉が人々の間で認知されるようになってきました。格差社会は、収入や財産などにより人間社会の構成員に階層化が生まれ階層間の遷移が困難な状態にある社会を意味しますが、日本でも格差社会は進展しています。

『21世紀の資本』の著者であるトマ・ピケティ氏は、２０１４年10月の NHK NEWS WEB「格差論争 ピケティ教授が語る」の中で、「ヨーロッパや日本では今、20世紀初期のころと同じくらいにまで格差が広がっています。格差のレベルは、１００年前の第1次世界大戦より以前の水準まで逆戻りしています。（略）日本は見事に逆戻りしています。１９５０年から１９８０年にかけて目覚ましい経済成長を遂げましたが、今の成長率は低く、人口は減少しています。成長率が低い国は、経済全体のパイが拡大しないため、相続で得た資産が大きな意味を持ちます。単純に言うと、昔のように子どもが10人いれば、資産は10人で分けるので、１人当たりにするとさほど大きな額になりません。しかし、１人っ子の場合、富をそのまま相続することになります。一方、資産相続とは縁がなく、働くことで収入を得て生活する一般の人たちは、賃金が上がりづらいことから富を手にすることが難しくなっています。その結果、格差が拡大しやすいのです」と説明し、日本の現状を危惧（きぐ）しています。

ピケティ氏は、こうした格差対策として、「格差を縮小するには、累進課税が重要で、富裕層に対する所得税、相続税の引き上げが欠かせません。国境を越えて資金が簡単に動かせる今、課税逃れを防ぐために、国際的に協調してお金の流れを明らかにするなど、透明性のある金融システムを作ることが必要です」と主張しています。

格差社会の問題を考える上で、まず重要となるのが格差の構造、すなわち「階級構造」

です。現代の社会学では、近代的な意味での階級が予め制度的に決められているわけではないことから、職業や収入、生活実態などに基づき、「資本家階級」、「新中間階級」、「労働者階級」、「旧中間階級」の4階級に分類するのが理論的に最も有力な考え方になっています。

資本家階級とは、生産手段を所有する人々である資本家の総称であり、労働者階級とは、生産手段を所有しない人々である労働者の総称を言います。資本家階級と労働者階級は、資本主義社会の基本的な2つの階級ですが、現実的には、この2つの階級以外に、2種類の中間階級が存在します。それが、新中間階級と旧中間階級です。

旧中間階級は、自営業者や自営農民を指し、これらは資本主義以前から存在する階級なので、旧中間階級と呼ばれています。他方で、資本主義の発達と共に、資本家階級が行っていた業務の一部が切り出されて、労働者の一部に任されるようになります。こうした業務は労働力を提供して賃金を受け取る点では労働者階級と同じですが、それよりも上位にあって労働者を管理・監督し、業務内容が高度であるという点から、資本家階級と労働者階級の間に位置付けることができます。よって、これらの人たちも中間階級であり、資本主義の発展と共に新たに登場した人たちであることから、新中間階級と呼ぶことができるのです。

4. 現代日本の新たなる階級構造とは？

それでは、これら4つの階級について、現代の日本の階級構成はどのようになっているのでしょうか。橋本健二(はしもとけんじ)氏が論文『現代日本の階級構造と階級間移動』の中で、4つの階級を次のように定義しています。

・資本家階級：従業先規模が5人以上の経営者・役員・自営業者・家族従業者
・新中間階級：専門・管理・事務に従事する被雇用者（女性と非正規の事務を除外）
・労働者階級：専門・管理・事務以外に従事する被雇用者（女性と非正規の事務を含める）
・旧中間階級：従業先規模が5人未満の経営者・役員・自営業者・家族従業者

橋本氏は、階級間格差の分析により、これら4階級間の格差が相対的に安定していることを示した上で、近年労働者階級内部の格差が進行し、非正規労働者が正規労働者を中心とする従来の労働者階級とは明らかに異質である点を明らかにしています。同時に、非正規労働者は労働者階級内部の階級分派の主要な要素のひとつの群衆、すなわち「アンダークラス」として把握されるべきであると主張しています。

アンダークラスは、元来、英米圏での研究から生まれた用語で、主に大都市部のゲットーなどで生活する少数民族の貧困層を指すことが多かったといいます。日本では、非正規労働者というアンダークラスの登場により、階級構造が大きく転換したのです。アンダークラスの登場以前では、日本の社会は、一方に旧中間階級、他方に資本家階級―新中間階級―労働者階級が三層に積み重なるという4階級構造から成り立っていましたが、アンダークラスの登場後、労働者階級の内部に巨大な分断線が形成されて、アンダークラスという新しい階級を含む、5階級構造へと転換したのです。橋本氏は、これを「新しい階級社会」と呼び、各階級の詳細を示しています（図表33）。

アンダークラスは、5つの階級の中で唯一急速に増加し続けており、女性比率が55・1％と高く女性が多数を占める唯一の階級でもあります。また、男性で有配偶者が少なく、女性で離死別者が多い点も大きな特徴になっています。男性の有配偶者は僅か25・7％で、未婚率が66・4％に上っていることから、アンダークラスの男性が結婚して家庭を持つこ

【図表33】「国民生活に関する世論調査」における生活程度の変化

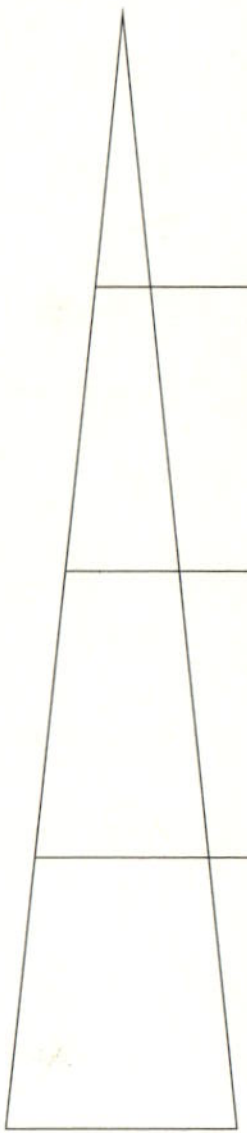

【資本家階級】
254万人（4.1%）
経営者／役員

・個人の平均収入：604万円
・世帯の平均収入：1,060万円
・女性比率：23.6%
・貧困率：4.2%
・家計資産の平均額：4,863万円
・未婚：男性12.9%／女性7.0%
・高等教育を受けた人：42.3%

【新中間階級】
1,285万人（20.6%）
管理者／専門職／上級事務職

・個人の平均収入：499万円
・世帯の平均収入：798万円
・女性比率：32.6%
・貧困率：2.6%
・家計資産の平均額：2,353万円
・未婚：男性18.0%／女性22.5%
・高等教育を受けた人：61.4%

【労働者階級】
2,192万人（35.1%）
事務職／販売職／サービス業等

・個人の平均収入：370万円
・世帯の平均収入：630万円
・女性比率：33.7%
・貧困率：7.0%
・家計資産の平均額：1,428万円
・未婚：男性31.0%／女性33.5%
・高等教育を受けた人：30.5%

【アンダークラス】
929万人（14.9%）
パート／アルバイト／派遣社員等非正規労働者

・個人の平均収入：186万円
・世帯の平均収入：343万円
・女性比率：55.1%
・貧困率：38.7%
・家計資産の平均額：1,119万円
・未婚：男性66.4%／女性56.1%
・高等教育を受けた人：27.7%

【旧中間階級】
806万人（12.9%）
自営業者／家族従業者

・個人の平均収入：303万円
・世帯の平均収入：587万円
・女性比率：33.8%
・貧困率：17.2%
・家計資産の平均額：2,917万円
・未婚：男性10.2%／女性8.1%
・高等教育を受けた人：27.2%

（出典）数値は橋本健二氏の論文『現代日本の階級構造と階級間移動』より引用

とが如何に難しいかが分かります。女性の離死別者の比率は年齢と共に上昇し、20歳代の11・5%から50歳代では80・0%と高くなっています。未婚のままアンダークラスであり続けてきた女性が多く存在する一方で、既婚女性が離死別を経てアンダークラスに流入しているのです。このように、アンダークラスは、所得や生活の水準が極端に低く、男性では未婚者、女性では離死別者が多い上、家庭を持ち維持することからも排除され、階層帰属意識が著しく低く生活に多くの不満を持つ現代社会の最下層階級であると橋本氏は結論付けています。

日本の現代社会におけるアンダークラスの出現は、日本人の階層帰属意識に大きな変化をもたらすと共に、現代社会の新たなる貧困層の拡大により、格差社会という大きな問題を引き起こすことになりました。アンダークラスの出現による格差社会の進展は、さまざまな弊害を社会にもたらしているのです。

格差が大きくなり貧困層が増大すると、貧困層を中心に健康状態が悪化し犯罪数も増え、税金を納めることのできない人が増えます。概して人々の健康状態は平等な社会ほど良く、不平等な社会ほど悪くなります。経済格差が大きいと、たとえ豊かな社会であっても、人より大幅に所得の低い人たちの多くは、公共心や連帯感を失ってしまいがちになります。

なぜなら、そういう人たちは、生活の中であまり不自由さを感じなくても、社会に強い不満を持ち、より豊かな人々に対して反感を持ち易くなるからです。公共心や連帯感の喪失は疎外感の増幅を伴うことから、精神的なストレスが高まるなど健康状態の悪化を招くと共に、犯罪数の増加を招くことにもなります。さらに、経済格差が大きくなれば、先述したように税金を納めることができない人が増え、社会保障支出が増大することにもなるのです。

それでは、非正規労働者数は今後も増加し続け、階級構造の中でアンダークラスの割合が将来的にも高止まりすることになるのでしょうか。格差が拡大すれば、格差が固定化する可能性が高くなるのは明らかです。なぜなら、経済格差が子供の教育に直結するからです。経済的に余裕のある家庭では、十分な教育環境を子供に与えることができますが、余裕のない家庭では十分な環境を整えることが難しくなります。貧困により可能性のある子供が教育の機会を奪われることは、人的資源の損失にも繋がる深刻な問題でもあります。格差の大部分は、生まれつき与えられた条件の格差により生み出される「貧困の連鎖」と言っても過言ではないのです。

このように貧困の連鎖が生まれ、今後も格差社会が進展し、アンダークラスの割合が高止まりすることになれば、人々の消費行動も変化する可能性はあります。現在、格差を縮小するために、所得の再分配などさまざまな手段が検討されていますが、「ベーシックインカム」もそのひとつです。ベーシックインカムは、政府が無条件で全ての国民に生きるために必要な最低限の金額を定期的に支給する制度（最低限所得保障制度）で、既にオランダやフィンランドなどで試験的に導入されています。これらの国々では、ベーシックインカムを一定の期間（約1〜2年間）、試験的に導入した結果、貧困層の減少の他に、労働意欲の向上や起業の促進、社会保障制度に関わるコストの削減などの面でも有用であることが認められています。

将来的に現在の社会保障システムが立ち行かなくなり、ベーシックインカムといった新たな制度が導入されたとしても貧困の連鎖を完全に断ち切ることは難しいと思われます。格差社会は、アンダークラスの激増のみならず、次節でも述べる人工知能（ＡＩ）の代替といった問題など複合的な要素が絡み合って進展していくのです。貧困層を中心に可処分所得がさらに減少することになれば、生活の中で購入するモノは必然的に限られるようになると共に、消費形態が「利用」中心になるのは当然のこととなり、所有するという意識は益々小さくなっていくと考えられます。格差社会の進展は、人々の消費行動にも少なからず影響していくことになるのです。

5．AIの実用化で産業構造が変わる

これまで人類は、その歴史の中で実に多くの画期的な製品やサービスを開発し、創造的破壊を繰り返すことで多大な経済効果を生み出してきました。自動車、冷蔵庫、飛行機、エアコン、蒸気機関車、テレビ、発電・送電、インターネット、電子決済など、非連続的なイノベーションは、まさしく産業構造を変えてきたのです。

ＡＩもまた、産業構造を変えようとしています。僅か数年前までコンピューターにとって、写真に何が写っているかを判断することは極めて困難なタスクでした。しかし、ディープラーニングの登場により、画像認識が可能になりました。その精度は人の能力を遥(はる)かに超えており、数万に上る写真を見て何が写っているかを言い当てるテストでは、人の正答率が95％であるのに対して、ＡＩの正答率は98％と非常に高くなっています。

ただ、ＡＩの成長過程で見ると、現在は「特化型人工知能」に止(とど)まっており、その先には「汎用(はんよう)型人工知能」、そして、将来的には、ニック・ボストロム氏が『スーパーインテリジェンス　超絶ＡＩと人類の命運』の中で述べているような、「スーパーインテリジェン

ス（超絶知能）」へと進化していくと考えられています。

超絶知能とは、専門的な知識・能力のみならず、汎用的能力、思考能力など全ての能力において、人類の叡智を結集した知力よりも遥かに優れた知能で、論理的思考が可能であり、発明や改善などの能力も備わっています。この超絶知能が登場する時点を「シンギュラリティ（技術的特異点）」と呼んだのはヴァーナー・ヴィンジ氏で、シンギュラリティ以降に何が起きるかを予測する態勢やシステムが人間には整っていないと指摘したのはレイ・カーツワイル氏でした。

ディープラーニングは特化型人工知能として、高い能力を示しています。十分なデータ量があれば、人を介さずに機械が自動的にデータから特徴を抽出してくれるディープニューラルネットワークを用いた学習方法です。画像認識、音声認識、自然言語処理などの用途に利用され、生のデータに強いのがディープラーニングの特徴です。従来人が自分で見たり聴いたりして区別するしかなかった生のデータをＡＩ自身が見分けたり聴き分けたりできるようになったのです。これらの用途の他にも、異常検知などでも利用されています。

現在、さまざまな産業や分野でＡＩが実用化され、実用化に向けた取り組みが進んでいます（図表34）。ＡＩが既に実用化されている分野は、製造業、金融、エネルギー、流通

【図表34】AIの実用化が進む作業とAI活用が期待される作業

産業・分野	AIの実用化が進む作業
製造業	外観検査・検品、モニタリングによる作業ミスの防止、異常検知、メンテナンス業務の効率化など
金融	投資・運用、顧客サービス、審査業務、不正検出など
エネルギー	電力最適化、発電所・送電網など電力インフラの点検、油田の探索など
流通業	ECにおけるレコメンデーションや顧客分析、実店舗における陳列、レジ作業、来店者属性調査など
教育	適応学習、採点作業、教育の最適化、シフト管理・リスト作成など

産業・分野	AI活用が期待される作業
自動車産業	自動運転など
医療・介護	画像診断、在宅医療者のケア、医薬品開発（創薬）、健康介護など
農業	作物の生育管理、農薬散布・施肥の最適化、農機の無人運転、害虫や疾病の自動診断、不良品の選別など
物流	宅配、積荷の最適化、拠点内物流など
防犯・防災	犯罪の事前防止、不審者・万引き監視、災害予測、災害対策の開発など

（出典）『AI白書2019』を基に作成

業、教育などの分野で、それ以外の、自動車産業、医療・介護、農業、物流、防犯・防災などの分野ではまだ実用化に至っていませんが、どの分野においてもＡＩの活用が大いに期待され実用化に向けた取り組みが進んでいます。

製造業では、世界的な潮流として工場のスマート化が進められています。既に、外観検査・検品、モニタリングによる作業ミスの防止、異常探知、メンテナンス業務などの作業をＡＩが代替しています。外観検査には、ディープラーニングによる画像認識技術が活用されています。

モニタリングによる作業ミスの防止では、ＡＩが本来あるべき作業の動作から外れた動作を行った場合にアラートを上げ、作業のミスを防ぎます。例えば、大手化学品メーカーであるダイセル社は２０１６年にこの技術を導入して、組み立て順序の誤りや部品の選択ミスを検知することで、不良品の発生を抑えています。

異常検知では、ＡＩが稼働データを学習することで自動的に正常である状態を把握し、それから外れた状態になると異常と判断します。中国電力は、２０１４年5月にＮＥＣと共同で、島根原子力発電所2号機用に大規模プラント向け故障予兆監視システムを開発しています。温度、圧力、流量など常時測定しているパラメーターは、２５００種類、３５

００点に及びます。これらのデータをＡＩがリアルタイムで自動的に解析することで、予兆段階における異常探知を行っています。

金融分野におけるＡＩの活用は、フィンテックが既に一般名詞化して人々の暮らしに定着化し始めているように、アルゴリズムによる投資・運用から不正検知に至るまで多岐にわたり、実用化が進んでいます。

投資・運用は、ロボアドバイザーによる投資運用サービスの提供やマーケット動向の予測によるトレーディングなどで、この分野では、既に欧米を中心として多くの金融機関がＡＩを取り入れています。とりわけアルゴリズムによる株式売買の取引では、ＡＩ自らが投資手法を学習し精度の改善を行うなど技術的にも高度化しています。実際、欧米の大手投資銀行や日本の証券会社のトレーディングシステムでは既に自動化が図られています。

ただ、こうしたトレーディングへのＡＩ活用については、新たな課題も生まれています。コンピューターが一定の局面で一斉に反応することで、フラッシュ・クラッシュ（相場が一瞬で急激に動く現象）が起きており、ＡＩにより金融ショックを増幅させるリスクとして指摘されているのです。

顧客サービスでは２０１４年以降、都銀などの大手金融機関がコールセンター業務にＩ

ＢＭのワトソンを導入して、ＡＩ活用による業務支援が図られています。問い合わせ対応では、自動応答のチャットボットなどが活用されています。

審査業務では、ＡＩによる分析に適したローン審査や融資審査で導入が進んでいます。フィンテックを代表する新しい融資形態のひとつであるトランザクションレンディングでは、ＥＣサイトにおける売上データや決済データなどを基にＡＩがリスクを判定し、融資の審査を行っています。米国では、カベージのように独自開発したアルゴリズムに融資審査を一元的に委ねることで、短時間での融資判断を行う事業者も誕生しており、この分野でのＡＩ実用化が進んでいます。日本でも、２０１４年2月にアマゾンが Amazon レンディングを開始して、既に実用化が始まっています。

不正検出では、膨大なデータの中から、不正取引や不正送金、不正請求、クレジットカード等の不正利用など不正な金融取引を自動検知するのにＡＩの活用が進められています。カード不正利用のリアルタイム検知には、ＡＩが既に実用化されています。従来、不正を判定するルールは人が設定していましたが、ディープラーニングの代替により、不正検知のアルゴリズム精度がさらに高まっています。

エネルギー分野では、２０１６年の電力小売自由化を契機にエネルギー産業への参入企業が増加したことから、日本でもＡＩの実用化が進んでいます。電力の需要予測の他にも、発電所や設備保守の運用効率化において、ＡＩの活用事例が見られます。発電所では、収集したデータをＡＩに学習させることで、運転を最適化する取り組みが進められています。

また、送電網など電力インフラの健全性維持のため、点検作業や異常検知をＡＩで代替して効率化する取り組みも行われています。米国でもアルファベット傘下のディープマインドが機械学習によりグーグルのデータセンターの電力を15％削減し、電力コストの削減に取り組んでいます。

流通業では、ＥＣに加え実店舗でもＡＩの導入が進んでいます。ＥＣでは、顧客データの取得や蓄積がリアルに比べ容易であることから、過去の購入データなどさまざまな顧客データを活用して、潜在需要の取り込みを狙ったＡＩの活用が進んでいます。既にレコメンデーションではアルゴリズムの開発競争が激化しており、顧客分析によるカスタマイズが浸透しています。

実店舗では、陳列やレジ作業、来店者属性の調査など店舗マーケティングにＡＩが導入されています。例えば、パルコは ABEJA を開発パートナーにして、２０１７年11月から、PARCO_ya の商業施設内に設置した来店人数計測カメラや年齢・性別判定カメラを通して取得・蓄積した顧客データをＡＩにより解析しマーケティングに活用しています。また、ローソンでは２０１５年より、過去の販売実績や天候などの状況をＡＩがデータ解析して、最適な商品数を算出し提案する発注システムを全店舗に導入し在庫の最適化を図っています。

米国の流通業界では、早くからＡＩが活用されています。牽引（けんいん）しているのはアマゾンで、ＥＣのマーケットプレイスのみならず、無人店舗の Amazon Go やスマートスピーカーのエコーなどにＡＩを導入して顧客データを収集・蓄積しながら収益を高めています。

２０１８年１月にシアトルで第１号店がオープンした Amazon Go は、スマホを持っていれば、入店から支払いまで店員やレジを介することなく済ませることができます。画像認識にＡＩを活用し、複数のカメラで買い物客の手の動きや商品などを識別すると共に、マイクによる音声認識や赤外線、圧力、棚などに設置されたセンサーなどの技術を組み合わせて認識しています。ディープラーニングなどにより、人間の動作をトラッキングして、例えば、買い物客が一度手にした商品を戻したりする動きなども正確に捉えて店舗の無人化を可能にしているのです。

教育分野では、ＩＴの活用が進む一方で、個人の学習傾向に合わせてプログラムを提供する適応学習や採点作業などに、ＡＩを導入する取り組みが見られます。特に、適応学習の活用は米国が先行しており、Knewton 社は、ＡＩを活用して「Knewton Adaptive Learning Platform」という独自のプログラムを構築しています。このプログラムは、人間の学習の仕組みに関する数十年にわたる研究を用いて、心理統計学や項目応答理論、認知学習論、インテリジェントチューータリングシステムに関する研究成果に基づくものになっています。

6. スマート化が期待される分野とは？

現在、ＡＩの活用が大いに期待され実用化に向けた取り組みが進んでいるのが、自動車産業、医療・介護、農業、物流、防犯・防災などの分野です。

自動車産業では、グローバルレベルでＡＩを活用した自動運転システムの実用化に向けた開発が進められています。この開発には、自動車メーカーだけでなく、グーグルやアップルなどプラットフォーマーと呼ばれるテクノロジー企業や、ウーバー、リフトといった配車アプリなども研究開発投資を行っています。それ以外にも、ＡＩ技術や自動運転技術をコアとするスタートアップも登場しています。

自動運転システムでＡＩの活用が期待されているのは、「外界認識」、「シーン理解・予測」、「行動計画」の３つです。外界認識は歩行者や自動車、車両等を画像認識するもので、ＡＩがカメラやレーダーから収集するセンシングデータを解析することで実行されます。シーン理解・予測は歩行者や自動車、車両等が次にどのように動くかを予測するもので、ＡＩがダイナミック・マップにより、車両周辺の歩行者や自動車、車両等の動きに加え信号や道路の状況など、常に変化する状況をリアルタイムに解析することで実行されます。行動計画はリスクの予測や現在位置等のさまざまな情報を踏まえた上で最適経路を判断するもので、ＡＩがプローブデータを解析することで実行されます。

米国では既にアルファベット傘下の自動運転車開発企業のウェイモが、２０１７年11月からドライバーが乗車しない無人による自動運転車両の実証実験をアリゾナ州フェニックス近郊の公道で開始しています。ウェイモが開発する自動運転車は、米ＳＡＥ（自動車技術者協会）の自動運転レベルの定義におけるレベル５の完全自動運転で、２００９年の開発当初から既にこのレベルを目指している点が他の競合との大きな違いです。

医療・介護の分野では、少子高齢化を見据えて、健康管理、診療、介護それぞれの段階で効率性や持続性の視点からより良い環境の構築が図られるようＡＩの活用が期待されています。2017年6月に発表された厚生労働省の「保健医療分野におけるＡＩ活用推進懇談会」の報告書では、ＡＩ実用化に向けた領域を2つに分類し、1つ目の「ＡＩの実用化が比較的早いと考えられる領域」として、ゲノム医療、画像診断支援、診断・治療支援、医薬品開発（創薬）、2つ目の「ＡＩの実用化に向けて段階的に取り組むべきと考えられる領域」として、介護・認知症、手術支援をそれぞれ掲げ、これら6つを今後ＡＩの導入により開発を進めるべき重点領域と位置付けています。

画像診断支援では、ディープラーニングを活用することにより、画像診断時の見落とし率の低下が期待できる上、ディープラーニングを使って医療画像のスクリーニングを行えば、簡単な確認のみで良い画像を選別して読影に要する労力を軽減でき、専門医は重点的に確認する必要のある画像のチェックに注力し、読影の精度を向上させることも期待できます。ディープラーニングを応用できると考えられる医療画像としては、病理画像、内視鏡画像、放射線画像、皮膚科画像、眼科画像、超音波画像、脳機能イメージング、近赤外線分光法があり、開発されるべきディープラーニングの技術的段階として、1箇所の単純な画像認識から始まり、複数箇所の複雑な画像認識や人間の能力と同等の画像診断を経て、最終的に人間の能力を超える画像診断へと進歩することが期待されています。

医薬品開発（創薬）では、従来、医薬品の実用化に至るまでには長い年月とコストが必要であり、成功率も低く画期的な医薬品を創出することは容易ではなかったことから、ディープラーニングなどのＡＩを活用したビッグデータの解析により、研究期間の短縮や成功率の向上など効率的で効果的な医薬品の開発が期待されています。

介護は、世界で高齢化が最も進んでいる日本だけでなく、欧米を始めとして、一人っ子政策で子供世代の負担が大きくなりつつある中国などでも大きな課題となっています。日本でＡＩを活用した介護の取り組みとして始まっているのは、高齢者一人ひとりに合ったケアプランの提案をＡＩで行うものや、看護・介護現場を見える化する介護ロボットを提供したりする取り組みなどです。

農業では、高齢化の進展により労働力不足が深刻化していることから、ＡＩの活用には、自動化や作業効率化、省力化、高品質生産などが求められています。日本では、農林水産省が２０１３年に「スマート農業の実現に向けた研究会」を立ち上げ、ＡＩなどを活用したスマート農業の実現に向け、作物の生育管理や農薬散布・施肥の最適化などを可能にする取り組みが進められています。

物流では、ＥＣの取引量の増加により、荷物量が増加すると共に、到着日時指定のニーズが多様化しています。それに伴いドライバーや倉庫作業者の不足が深刻な問題になっています。そのため、物流の自動化や業務効率化にＡＩの活用が期待されています。拠点内物流では、既にロボットを活用した物流業務の自動化や、ピッキングなどに見られるように作業の効率化については実用化されています。例えば、アマゾンは現在米国で25箇所以上のフルフィルメントセンターに10万台のロボットを配置しています。アマゾンの説明によれば、在庫商品の種類を40％アップするのに役立てることができたということです。システムの中心をなすのはアマゾン・ロボティクスで、自動走行ロボットとして活用されています。ＡＩを搭載したロボットの開発はまだ実証実験の段階にあり、今後の開発が期待されるところです。

防犯・防災分野では、犯罪の事前防止や自然災害による被害最小化を目的としたＡＩ活用の取り組みが進みつつあります。防犯では、監視カメラの映像分析にＡＩが活用され、建物から都市全体に至るまで広範囲の防犯に役立てられることが期待されています。防災では、ＡＩによる災害や被害に対する精度の高い予測に加え、新たな対策の開発が期待されています。

7．自動化は人類に何をもたらすのか？

これまで見てきたように、ＡＩの活用はさまざまな産業や分野で汎用的な広がりを見せています。ディープラーニングによる画像認識は着実に進み、数多くのアプリケーションが生み出されています。ＡＩという新たなるテクノロジーが、過去に創り出された革新的な製品やサービスと同じように産業構造を変えることは明らかです。なぜなら、ＡＩは汎用性が高い技術であるため、従来のデジタル技術以上に、多くの産業や分野で非連続的なイノベーションが起こる確率が高いからです。

ただ、これまでと異なるのは、知力によってそれが成し遂げられる点です。ＡＩという知力を採用することで、仕事が奪われるという研究結果が最近数多く報告されていますが、そのことが直接高い失業率を生み出すとは必ずしも限らないのです。かつて人類が１００年ほどの歳月をかけて、第一次産業から第二次産業、さらには第三次産業へと移行し、工業化社会から情報化社会へと転換することで新たなる雇用が生み出されてきたことがその証左でもあります。

既に時代は、リアルのビジネスがソフトウェア化する段階に入っています。タクシーはウーバーの配車アプリに代わり、銀行はオンラインバンク化しているのです。今後多くのビジネスがこのようにソフトウェア化していくと共に、オンラインのプラットフォームビジネスが、ＡＩのプラットフォームビジネスに置き換わっていくことが考えられます。

ＡＩプラットフォームビジネスでは今、ＡＩとロボットによる革新的な自動化や効率化、さらには付加価値化が求められています。これにより、システム構築やオペレーションコストが安くなり、多くの利用者がプラットフォームに集まることで、膨大なデータがさらに集まるようになります。そうなれば、さらに自動化が進みコストが下がります。

アマゾンは個人の消費行動のインテリジェンス化をネットに持ち込み、潜在需要を顕在化しました。ディープラーニングにより消費行動に対する分析能力が飛躍的に高まることになれば、モノやサービスを高く売ることも可能になります。つまり、人間は概念を消費するので、如何にして概念をＡＩにより作り上げるかが重要なポイントになってくるのです。

ネットの世界では、グーグルやアマゾン、フェイスブックなどのように、データを独占する企業が人の消費行動を捉え成功を収めてきました。リアルでも同様に、ＡＩでデータを独占できる企業が勝つことが予想されます。消費行動をインテリジェンス化して付加価値を提供するための鍵（かぎ）は、データの蓄積にあります。企業にとって、データを如何にして集積していくかが極めて重要になってくるのです。

企業がデータを膨大に蓄積して、消費行動をインテリジェンス化する技術をＡＩにより新たに手に入れることになれば、他社もその企業にデータを提供せざるを得なくなります。なぜなら、その企業に頼めば、あらゆる消費行動をインテリジェンス化することが可能となり、多種多様な領域や分野でアプリケーションが作り易くなるからです。最終的には、こうした一部の企業が市場を独占するようになるのです。

このように見てくると、ディープラーニングなどＡＩによる技術の進歩は、確実に生産性の向上をもたらし、私たちの生活を豊かにしてくれると言えるでしょう。しかし、全ての人々が一律に豊かになるとは限りません。ＡＩにより生まれた富は、一部の人たちに分配されることになり、富の分配の問題は以前にも増して深刻になります。なぜなら、資本所有者の所得は増えるのに対して、労働者の所得は減少するからです。

ピケティ氏は『21世紀の資本』の中で、過去数十年にわたり、国民所得において労働所得のシェアが資本所得に比べ減少している点を指摘しました。この傾向が今後も続けば、将来的に不平等の拡大をもたらし格差社会を深めることになります。ＡＩはこの傾向を促進することになると考えられます。なぜなら、新たな資本体系であるＡＩは効率性が高いことから、経済の中で資本が占める割合は拡大し続け、労働の占める割合が益々小さくなるからです。

このように、ＡＩ社会の到来は、私たちに格差の拡大や消費行動の見直しなどをもたらすことになります。自動化や効率化、付加価値化により、ＡＩアプリにアクセスしたり、ＡＩスピーカーに話しかけたりするだけで日常生活における全てのタスクを済ませることができるようになるのです。何も所有することなく、アクセスや音声による指示だけで生きるというライフスタイルが定着する未来が訪れるのもそう遠くないかもしれません。

第Ⅴ章　モノを売る時代の終焉——すべての消費を飲み込むサブスク

1. あらゆるモノがサブスクになる時代へ

公共料金や新聞・雑誌などのレガシー・サブスクからスタートしたサブスクは、インターネットの商用化と共に、映像や音楽ストリーミングなどのサブスク・コマースへとその領域を広げてきました。今では、アパレルや美容、食品など次々と新たなサブスクが生まれ、人々の生活や暮らしに浸透しつつあります。所有から利用への移行という潮流は今後、あらゆる分野のモノやサービスを飲み込んで、サブスク化していくことになるでしょう。

それでは、最近どのような製品やサービス、コンテンツがサブスクを取り入れているのか見ていくことにしましょう。サブスクはさまざまなモノに取り入れられていますが、そのひとつが自動車業界です。この業界における技術の進歩は目覚ましく、ガソリン車やディーゼル車から始まり、ハイブリッド車、電気自動車、燃料電池車、そして、自動運転車へと開発が進みつつあります。それゆえ、現在、自動車業界は、過度期にあると言えるでしょう。そうした中で、日本では、トヨタが大手自動車メーカーの中でいち早くサブスクを導入する意向を打ち出し、従来モデルの自動車単品売りであるアラカルトから「自動車のサービス化」の流れを創り出そうとしています。

２０１９年2月にトヨタは、定額制乗り放題サービスである「KINTO」を開始しました。開始したのはトライアルという位置付けですが、既に、１００％子会社のトヨタファイナンシャルサービスと、住友商事グループの住友三井オートサービスの出資のもと、新会社「KINTO」を設立していることから、本格的にサービスを展開する体制を整えていると言えます。

KINTOは、孫悟空（そんごくう）が操る筋斗雲（きんとうん）のように必要な時に車に乗り、利用シーンに合わせて車を乗り換え、不要になったら返却するというコンセプトをイメージした名称で、利用者がもっと気楽に楽しくクルマと付き合っていける新しいクルマの持ち方を提案しています。

KINTOには、3年間で1台のトヨタブランド車に乗れる「KINTO ONE」と3年間で6種類のレクサスブランド車を乗り継げる「KINTO SELECT」の2種類のサービスがあります。どちらのサービスも、月額料金に車両代、任意保険の支払いや自動車税、登録諸費用、車両の定期メンテナンス（KINTO ONEのみ）がパッケージ化された月額定額サービスになっています（図表35）。

この2種類の料金プランは、ハイエンドとローエンドのそれぞれの市場をターゲットにしていますが、これは、既にサブスクを開始している欧米の大手自動車メーカーの料金プ

【図表35】KINTOのサービス内容

項目	KINTO ONE	KINTO SELECT
対象車種	5車種 (プリウス、カローラスポーツ、アルファード、ヴェルファイア、クラウン)から選択可能(グレードは3グレードで、オプションは2パッケージ)	6車種 (ES300h、IS300h、RC300h、UX250h、RH450h、NX300h)から選択、6ヶ月毎に乗り換え(グレード、オプション、カラーともにKINTO指定)
契約期間	36ヶ月	36ヶ月
頭金・支払方法	不要・毎月均等(ボーナス払いも選択可)	不要・毎月均等
月額料金	プリウス: 49,788円~59,832円 カローラスポーツ: 53,460円~63,396円 アルファード: 85,320円~102,060円 ヴェルファイア: 81,000円~97,740円 クラウン: 97,200円~106,920円 ※何れも税込みの金額	194,400円~ ※税込みの金額
月額料金に含まれるもの	車両代、任意保険、自動車税、登録時の諸費用/税金、メンテナンス	車両代、任意保険、自動車税、登録時の諸費用/税金、メンテナンス

(出典)トヨタのホームページを基に作成

【図表36】海外主要自動車メーカーのサブスク・サービス内容

メーカー名	サービス名	開始年	月額料金（ドル）	加入料（ドル）	走行距離制限（マイル／月）	サービス概要
GM	ブック・バイ・キャデラック	2017年1月	1,800	0	2,000	・5車種（新車） ・最多で年間18回車両交換 ・ニューヨーク他
フォード	フォード・パス	2017年5月	429〜	99	500	・短期リース車両を再利用
ボルボ	ケア・バイ・ボルボ	2017年10月	700〜	500	2.4万km/年	・複数車種（新車） ・乗り換え放題 ・スウェーデン
ポルシェ	ポルシェ・パスポート	2017年11月	2,000 3,000	500	無制限	・2プランで8車種と22車種 ・乗り換え放題 ・アトランタ
BMW	アクセス・バイ・BMW	2018年4月	998 1,399 2,699	575	—	・複数車種 ・乗り換え放題 ・ナッシュビル
メルセデス・ベンツ	メルセデス・ベンツ・コレクション	2018年6月	1,095 〜2,995	495	—	・3プランで複数車種 ・ナッシュビル他

（出典）各社のホームページを基に作成

ランを踏襲していると言えます（図表36）。ハイエンドモデルは、フォードやボルボが、また、ローエンドモデルは、GM、ポルシェ、BMW、メルセデス・ベンツがそれぞれ取り入れています。

欧米の自動車業界では、2017年から米国やドイツの大手自動車メーカーがサブスクを提供し始めています。中でも、いち早く乗り出したのがGMです（図表36）。2017年1月に、高級車ブランドであるキャデラックの最新モデルを定額料金で利用できる「ブック・バイ・キャデラック」を開始しました。料金は、月額1800ドルで、車両登録料、税金、保険料、メンテナンス、修理、24時間対応の緊急サポートなどが含まれます。自動車所有に付き物のエンジンオイルの交換や修理を手配する必要がなく、これらのコストを省けるシステムになっています。このシステムは今では、後続の競合メーカーがサブスクを開始する際のベンチマークとなっています。

1800ドルという月額料金は、キャデラックの各種モデルのリース料金の概ね2倍になっています。この点について、GMのブランドマーケティング・ディレクターであるメロディー・リー氏は、「財務に関する詳細な分析を行い、幾つものモデルを検討した上での決定だ」と述べています。

月額料金で走行できる距離は、1ヶ月当たり2000マイル（約3200キロメートル）で、それを超える場合には追加料金が課せられます。対象車種は、スポーツ用多目的車（SUV）やプラグインハイブリッド車（PHV）、高性能スポーツカーなど5車種の最新車で、車両交換は最多で年間18回まで可能です。利用者は、余暇や用事などのニーズに応じて、自動車を乗り分けることができるようになっています。

GMが、競合他社に先駆けてサブスクを展開したのはなぜでしょうか。リー氏は、その理由を「私たちは、従来型の所有モデル（購入やリース）とウーバーやリフトが提供するようなライドシェアやカーシェアとの間に〝空白〟の部分があることに気付いた」と前置きした上で、従来型の所有モデルとブック・バイ・キャデラックとの棲み分けについて、「（ブック・バイ・キャデラックは）キャデラックがこれまで行ってきたことに取って代わろうとするものではなく、それらを補完するものだ。高級品市場ではX世代とY世代のどちらにも〝所有すること〟に対しての考え方の変化が見られる。何かを持つことよりも、経験することを重視するようになっているのだ。自動車に対しても望むものが変化している。（ブック・バイ・キャデラックは）無形資産ではあるが、そこには機会費用が含まれている。利用者は時間を節約すると同時に、柔軟性を手に入れることができるのだ」と説明しています。

さらに、リー氏は、ブック・バイ・キャデラックの戦略的イニシアティブについて、「X世代とY世代へのリーチの拡大」と「次世代の消費者とブランド間の親和性の構築」の2つを挙げています。米国では、1960年代から1970年代生まれが「X世代」と名付けられたことが嚆矢(こうし)となり、その後の1980年代から2000年代初頭生まれが「Y世代」、それ以降の生まれが「Z世代」と呼ばれています。Y世代は「ミレニアル世代」とも呼ばれ、インターネットに親しんで成長したことから、他の世代とは嗜好(しこう)性が大きく異なると考えられ、過去に例を見ないほどにマーケティング調査の対象にされています。GMとしては、こうしたミレニアル世代を含めた30代から50代までの年齢層にサブスクの潜在利用の可能性を見ているのです。

GMは、ブック・バイ・キャデラックを当初ニューヨークのみで展開していましたが、2017年11月から、ロサンゼルスやテキサス州ダラスでも開始して、利用可能地域を拡充しています。

2. 自動車産業の新たなる競争領域の創出

このGMの動きに倣うかのように、大手自動車メーカーが続々とサブスクを開始しています（図表36）。２０１７年の5月には「フォード・パス」、10月には「ケア・バイ・ボルボ」、11月には「ポルシェ・パスポート」、２０１８年の4月には「アクセス・バイ・BMW」、6月には「メルセデス・ベンツ・コレクション」と高級車を乗り換え放題で利用できるサービスが定額で利用できるようになりました。

世界的に人気の高い高級車メーカーであるポルシェが開始した「ポルシェ・パスポート」は、自動車のサブスクを提供するクラッチテクノロジーズ社との提携により実現した試験プログラムで、ジョージア州アトランタでサービスが始まっています。

ポルシェ・パスポートでは、月額２０００ドルで4シリーズから8車種を利用できる「ローンチ」、月額３０００ドルで7シリーズから最多の22車種を利用できる「アクセレレート」の2つのプランを設けています。どちらのプランも、月額料金で走行できる距離に制限はなく、乗り放題のサービスになっていて、その内容は、GMのブック・バイ・キャデラックとほぼ同じものになっています。

日本では、トヨタのような自動車メーカーの他にも、自動車買い取り・販売大手のガリバーを運営している IDOM が、２０１６年から「ノレル（NOREL）」というサービス名称で定額乗り放題サービスを開始しています。２０１８年には、カルモやスマートドライブカーズなどの定額制サービスが次々と開始されています。こうしたメーカー以外のサブスクは、自動車メーカーが提供するサービスと基本的には同じ内容になっています。

かつて、「自動車は購入するモノ」という概念が一般的でした。車の買い替えの平均サイクルは８・８年で、購入したら次の車を買うまで乗り続けるというのが通常の消費スタイルでした。購入する以外のサービスでは、数日という短期間で利用するレンタカーと、一般的に５年から９年ほどの期間で利用するカーリースの２つのサービスがありました。両者の中間に位置するようなサービスが無かったことから、サブスクは、それを埋めるサービスとして位置付けることができます。

レンタカーのメリットは短期間から借りられる点ですが、借りるには予約が必要であり、その都度車を取りに店舗に行かなければなりません。休日には空きが無く予約できない場合もあり、頻繁に利用する場合には、その度に費用がかかります。

カーリースのメリットは、頭金無しで毎月定額料金を支払えば、新車をマイカーとして長期間利用できる点にありますが、契約期間中は車の乗り換えができないため、気に入った車種がリリースされても、車を柔軟に変更することができません。また、月の走行距離制限が設けられていることが多いため、超過すると追加費用が発生する場合もあります。
サブスクは、両者の好いとこどりを狙ったサービスと言えます。サブスクであれば、頭金や初期費用はかかりませんし、月々の定額料金には、保険料や税金、車検、メンテナンス費用などが含まれるため、生活の見通しが立て易くなります。また、店舗にわざわざ出向く必要もなく、申し込みはオンラインで簡単にできます。さらに、契約期間中には、複数の車を乗り換えることができ、走行距離制限も事業者によっては設けられていないので、自由度が高いと言えます。

ウーバーが自動車業界に持ち込んだカーシェアやライドシェアの事業モデルに加え、所有から利用という消費行動の変化も、既存の自動車メーカーにビジネスモデルの見直しを迫るものでした。自動車業界にも新たな変革の波が次々と押し寄せてきているのです。

元来、自動車業界では、メーカーごとに開発、購買、製造、販売までの一連の機能を備えた長いバリューチェーンを持っていました。とりわけ、生産技術の高度化やコスト削減が利く購買や製造部門に強みがありましたが、系列やハード依存の収益構造には限界があり、これまでのビジネスモデルは通用しなくなりつつあります。消費行動の変化に加え、自動車業界の競争環境もまた変化しているのです。

自動車業界でのサブスク導入の動きは、付加価値の高い競争領域が、これまでの購買や製造部門から利用に関わるサービス部門へとシフトしていることを示すものです。既に世界の多くのテクノロジー企業やスタートアップが、将来の自動運転車を見据えて参入していますが、こうした付加価値の高い領域を狙って、継続的な収益を獲得する動きは今後益々激化することが予想されます。将来的に、ＡＩによる自動運転車が当たり前の時代になれば、誰もが自動車を所有せずに、シェアリング・サービスとしてサブスクを活用することになるでしょう。

3. コンテンツ業界で革新的な流れを生み出すサブスク

余暇にひとりで家に居て何をして過ごすのかという質問に対して、大抵の人は、「音楽を聴く」、「映画を観る」、「ゲームをする」、「本を読む」のいずれかを回答するのではないでしょうか。既に楽曲や映画はデジタル化が進み、ストリーミング配信が可能で定額制のサブスクが主流になっています。しかし、書籍はデジタル化され電子書籍がサービス化されているものの、定額制で〝読み放題〟サービスは雑誌などに留まり、文庫本や単行本などの書籍全般に広がりを見せていないのが現状です。

メジャー雑誌の読み放題サービスには、「dマガジン」や「楽天マガジン」などがあります。dマガジンは、この電子雑誌分野でサブスクをいち早く定着させたサービスで、200誌以上の人気雑誌に加え、バックナンバー1500冊以上の記事検索もできて、月額400円で雑誌の電子版が読み放題になっています。最大で100ページまで保存しておくことができるクリッピング機能が利用でき、後で読みたいページをクリッピングしておくとすぐにアクセスできてとても便利です。それゆえ、利用者満足度は90％に達しています。

楽天マガジンはdマガジン同様、11ジャンル250誌以上の人気雑誌が読み放題のサービスですが、雑誌読み放題のサービスの中では月額380円で最安値になっています。楽天スーパーポイントも貯まるので利用するとお得感があります。

特定の分野に特化した雑誌の読み放題サービスもあります。「タブホ」は、旅行ガイドが充実している月額500円の雑誌読み放題サービスです。旅行ガイド「るるぶ」の都道府県版を始め、海外、温泉など900誌以上のガイドが揃っています。スマホ、タブレット、パソコンに対応していて、最大3台まで同時利用が可能になっています。

「ブック放題」は複数のジャンルを集めたサービスで、人気雑誌200誌以上、漫画2万冊以上、「るるぶ」１００冊以上が月額５００円で読み放題になっています。「るるぶ」は、都道府県版の他に、温泉・宿ガイドや海外の人気都市も含まれています。また、漫画は新しい作品はあまりありませんが、２万冊以上の作品が対象になっているので、漫画好きな読者には魅力的なサービスです。

　このように、雑誌のサブスクはサービス化が進んで、かなり充実してきていますが、文庫本や単行本などの定額制読み放題サービスはまだ一部に留まっています。２０１６年に日本でサービスを開始したアマゾンの「キンドル・アンリミテッド」は、月額９８０円で、文庫本や単行本などの書籍、漫画、雑誌、写真集などが読み放題ですが、洋書が１２０万冊以上と豊富なのに対し、和書は18万冊以上と限定的なサービスになっています。

　それでは今後、電子書籍のサブスク化は進展していくのでしょうか。キンドル・アンリミテッドのローンチがきっかけとなり、ここ数年、電子書籍普及の鍵として考えられているのが、いわゆる、本の〝ディスカバラビリティ（発見される能力）〟です。

　従来、書籍の販売は、いわゆる書店に委ねられていました。街の本屋さんである個人書店の小売書店に始まり、大型チェーン書店、郊外型書店、超大型書店（スーパーストア）と、時代と共に大型化してきました。その背景には、経営効率という視点もありますが、本との出会いの場という本来の役割がありました。書籍陳列の面積を拡大することで、利用者のお目当ての書籍や雑誌を見つける機会を提供するという書店特有の機能性です。

書店がスマホのプラットフォームに置き換わっても、この機能性は変わらないわけですが、オンラインストアはリアルの書店と異なり一覧性に欠けます。そのため、レコメンド機能やカスタマーレビュー、キュレーションアプリの開発、メタデータの充実など、本との出会いを高める機能をリアルの書店と異なる方法で充実してきたわけです。利用者は必ずしも自主的に本を探すとは限らないので、利用者に本を検索させるのではなく、利用者が興味や関心を持ち、閲覧に時間を割いてくれそうな本を提示してあげる方が、効率が良いのです。

こうした視点で捉(とら)えると、今後、サブスクが果たす役割は大きいと言えます。なぜなら、サブスクの提供により、利用者が本に対して興味や関心を持つきっかけを作り、従来なら手に取らなかった書籍や雑誌を見る機会を増やすことが可能となるからです。将来的に、出版業界でも多くの出版社や販売事業者がサブスクを取り入れることになるでしょう。サブスクで利用者の閲覧が習慣化することになれば、電子書籍の利用が定着し、市場が拡大する余地は十分にあるのです。

4. サブスクへの移行が進むゲーム市場

ゲーム業界でも、サブスクの動きは見られます。ソニーはゲーム事業にサブスクを取り入れることで、安定収入を確保することに成功しました。ソニーが導入したサブスクは、端末販売と継続課金サービスをセットにしたハイブリッドモデルで、現在、ゲーム事業で急成長を遂げています。

従来ソニーは、端末販売を中心にゲーム事業を展開していました。1994年に発売された家庭用ゲーム機のプレイステーション（PS）は着実に業績を伸ばしたことで後継機が開発され、2013年にはPS4を発売するに至り、累計販売台数が1億台に近づきつつあります。基本的に、端末販売はアラカルトであることから販売してワンショットで収入を得るのみですが、PS4では継続課金サービスを盛り込んで継続的な収入を得るビジネスモデルへの転換を果たしています。

継続課金サービスのひとつである「PSプラス」は、月額476円（税抜）を払うと、さまざまなサービスが受けられるようになっています。例えば、毎月数本のゲームタイトルを無制限でダウンロードできる「フリープレイ」、ニューゲームの体験版を通常より早くプレイできる「先行配信」、ＰＳストアで配信済みのゲームソフトから毎月何本か選ばれるゲームソフトを通常の販売価格よりも安く購入できる「ディスカウント」、オンラインで別のユーザーと遊べる「オンラインマルチプレイ」などです。

とりわけ、フリープレイは、配信ラインナップに旧作や新作ソフトのシリーズ前作などのタイトルが組み込まれているので、ＰＳプラスの配信を契機にして、ブームが再燃したタイトルもあります。サブスクを呼び水にして購買へと誘導する仕掛けになっているのです。

ＰＳプラスの他にも、月額２３１５円（税抜）を払うと自分で選んだタイトルが遊び放題になる「ＰＳナウ」や、スポティファイと連携した音楽、ビデオ、テレビ配信などさまざまな継続課金サービスが盛り込まれています。

ＰＳプラスは２０１０年にサービスを開始して以来、有料会員が着実に増え、今では世界で３４００万人を超える会員を抱えるサブスクに成長しています。サブスクは、所有せずにサービスとして利用するのが基本ですが、ＰＳ４のハイブリッドモデルは、最初にＰＳ４というハード本体を購入して所有した上で、ＰＳプラス等のサブスクを利用するという仕組みで継続的な収益を生み出すようになっています。

ソニーがサブスクを取り入れ成功したことで、競合がサブスク化へと動き出しています。２０１９年3月にアップルが発表した「アップルアーケード」もそのひとつです。

アップルアーケードは、２０１９年の秋に１５０ヶ国以上で提供開始予定のサブスクで、定額を払うと、多数の著名クリエーターのオリジナル作品を含む１００タイトルを超える新作ゲームを楽しめるサービスです。著名クリエーターには、『ファイナルファンタジー』シリーズの生みの親である坂口博信氏や、『Monument Valley』のケン・ウォン氏、『シムシティ』のウィル・ライト氏などが含まれます。

アップルアーケードでは、全てのゲームがオフラインでプレイ可能で、多くのゲームがゲームコントローラーに対応していて、iPhone や iPad などのアップル端末であれば、最後にゲームが終了したところから再度ゲームを開始できるよう同期が取れています。しかも、広告やゲーム内課金への誘導もない厳選されたゲームで、この点がアップストアの無料ゲームアプリとの違いです。また、家族６人までプランの共有が可能です。

アップルは、既にアップストア上で30万本以上のゲームアプリを配信して、高い収益力を維持しています。米国のモバイルアプリのマーケティング調査会社であるセンサータワーが２０１８年7月に発表した調査結果によると、２０１８年上半期（1~6月）におけるアップストアの収益は約226億ドルで、グーグルプレイ（118億ドル）の約2倍の収益を得ています。アップルは、この226億ドルのうち72・1%にあたる163億ドルの収益をゲームアプリから得ています。これも、グーグルプレイの103億ドルに比べると約1・5倍になっており、収益力の高さが窺えます。両者の差の理由は、アンドロイドが発展途上国で普及率が高いことなどが挙げられますが、アップストアが順調に業績を伸ばしていることに相違ありません。

それでは、なぜアップルは、このようにアラカルトで堅実に実績を伸ばしているアップストアを差し置いて、アップルアーケードでサブスクを展開することにしたのでしょうか。アップルの狙いは、アップストアで一時期人気を高めた有料ゲームアプリの活性化を図ることにあります。例えば、初代『アングリーバード』の有料ゲームは、当初アップストアで大ヒットしていましたが、『キャンディークラッシュ』や『クラッシュ・オブ・クラン』といった無料ゲームの人気が高まったことにより、すぐに利用数が落ち込んでしまいました。センサータワーの調査結果によると、両タイトルの配信が開始された2012年には、iOS向けゲームアプリの総収入の4分の1近くを有料ゲームアプリが占めていましたが、2018年にはその割合は僅か3%までに落ち込んでいるというのです。アップルは、一時期人気を高めたゲームアプリをサブスクで復活させることで継続的な収益を取り込み、収益力をさらに高める意向です。まさに、ソニーの「ＰＳプラス」で提供されている「フリープレイ」サービスをベンチマークにしているのです。

アップルがアップルアーケードを発表したのとほぼ同時期に、グーグルもクラウドゲーミングサービスである「スタディア」を発表しています。クラウドゲーミングプラットフォームは、既に10年ほど前から市場が形成されていて、ソニーの「ＰＳナウ」やマイクロソフトの「プロジェクト×クラウド」などがあります。スタディアが開始されるのは、２０１９年の後半であるため、ビジネスモデルの詳細をグーグルは公表していませんが、先行者のソニーが展開するＰＳプラスやアップルアーケードを意識していることに相違ありません。

ゲーム専用端末に加え、タブレットやスマホなどのモバイル端末のゲームアプリ市場でも、アラカルトからサブスクへの流れが始まっています。アップルアーケードが、アップストア内に専用ページを用意してサービスを開始することでも分かるように、当面は、新作アプリはアラカルトで、旧作アプリはサブスクで収益を回収するシステムが採られることになりますが、将来的には、アラカルトはサブスクに巻き取られ、新作から旧作に至るまで全てのゲームアプリは定額制ないしは従量制のサービスに移行して、継続的な収益を得るビジネスモデルへと収斂することになるでしょう。

5．データドリブンで会員を集める外食産業

外食産業でもサブスクが積極的に取り入れられています。そのひとつが、高級フレンチの食べ放題サービスです。高級フレンチを食べ放題にして採算が取れるのかと思いますが、実際には、顧客ターゲットや注文手法などを工夫すれば、経営を軌道に乗せることができます。

東京六本木にあるフレンチワインバーの「プロビジョン」は、顧客ターゲットを富裕層に絞ってサブスクを展開しています。２０１６年の冬に「今を伝えるレストラン」としてオープンしましたが、２０１７年9月に、サブスクレストランとして生まれ変わっています。フレンチを基調とした創作料理を提供し、メニューは季節ごとに変えています。加えて、約80種類のワインを楽しむことができます。

プロビジョンのホームページには、そのコンセプトが、「新聞や雑誌の定期購読のようにお気に入りのレストランやバーに、いつでもふらりと立ち寄ってワインや食事を楽しん

でほしい。気のおけない仲間たちとの時間や食事を毎日、毎晩気の向くまま、気がすむまで楽しむために必要なものは会員制の扉を開くための指紋登録と月額会費を決済するクレジットカードのみ。全てのご飲食に対するお支払いは月に一度だけ、以下の月額会費だけで楽しめます」と掲載されています。

その月額会費（ユニゾン）は、会員を含め４名までの条件で３万円に設定されています。この金額は、過去の顧客１人当たりの月額単価である約８０００円から算出されています。一般的には、何度も通わないと３万円では元が取れず、何度も行けないならすぐに解約しようと考えがちですが、富裕層がターゲットなら事情は異なります。富裕層の場合、足繁く店に通わなくても会費を惜しんでわざわざ退会する人は数えるほどで、月１回程度の来店でも元を取った気分になってもらえるのです。つまり、富裕層にとって３万円という月額会費は、毎月支払っても気にならない額と元を取った気になる額がちょうど重なり合う水準であると言えるのです。

さらに、注文手法でも富裕層の特性が上手（うま）く反映されています。月額会費の３万円には、通常提供のコースやワインは含まれますが、追加注文は別会計になります。富裕層は、１本数万円する高額なワインを惜しみなく注文するため、追加注文による収入が見込めるのです。まさに、サブスクからクロスセルへの誘導により、追加注文による収入を売上全体の半分の水準まで増やすことができるのです。

クロスセルで収益の拡大が図れるなら、富裕層の追加注文履歴を解析して、高級ワインをレコメンドすることも可能ですが、プロビジョンでは、こうしたデータを活用した販売促進を行っていません。なぜなら、休眠会員を刺激しないことに加え、富裕層はそうした販売促進を煩わしいと捉え敬遠する傾向にあるからです。

入会方法が既存会員からの紹介に限定している点も富裕層の特性を十分に把握したものであると言えます。富裕層の友達は富裕層ということになりますので、特別なプロモーション無しで客層を富裕層に絞り込むことができるのです。また、会員は現在約２００人に達していることから、月々６００万円を原資としてフレンチメニューを企画・構成し、安定的に供給することが可能となります。

富裕層というターゲット層の絞り込みと富裕層の特性を捉えたサービス化が、高級フレンチにサブスク成功をもたらしているのです。

プロビジョンのように、高級フレンチコースから高級ワインへと誘導するクロスセルを用いてサブスクを軌道に乗せている例は、他にもあります。ファビー社が運営するコーヒーマフィアでは、コーヒーの定額サービスを呼び水にして、コーヒーに合わせた軽食やランチメニューへと誘導することで、マネタイズを図っています。

コーヒーマフィアのホームページには、コンセプトと題して、「日常を豊かにしてくれるコーヒーを、もっと気軽に、もっとお得に。そういった想いから『coffee mafia』では、コーヒーが飲み放題となる定額会員サービスを提供しています。こちらに登録いただくと月額3000円～で、いつでも、何杯でも、無料で高品質の美味しいコーヒーを楽しんでいただけます」と掲載されています。

コーヒーマフィアでは、定額会員コースとして、「月額3000円会員」と「月額6500円会員」の2種類のサブスクが用意されています。月額3000円会員では、通常1杯300円のラージサイズコーヒーを来店ごとに1杯無料で飲むことができます。このラージサイズコーヒーをスペシャルティコーヒーなど全てのコーヒーに置き換えたサービスが、月額6500円会員のサブスクになります。因みに、スペシャルティコーヒーは1杯800円で、その他のコーヒーは、1杯500～650円に設定されています。

月額3000円会員コースでは、当初、月平均10～12回程度の利用を想定してマネタイズを考えていましたが、実際には、22～23回と想定を大きく上回る利用がありました。単純計算をすれば、月10杯飲めば元が取れるので、10回程度の来店がマネタイズの基準となりますが、その2倍の利用では採算を取るのは極めて難しくなります。その上、コーヒーマフィアのコーヒー原価は、一般的なコーヒー店に比べて数倍高かったことから、原価率の点からも、利益を出すのは容易ではないのです。

この誤算を埋めたのが、コーヒーに合わせた軽食やランチメニューでした。一番人気の「厚切りバタートースト」（２５０円）を始め、看板メニューの「ローストビーフ丼」（８００円）や「mafia のカレー」（８００円）などのメニューです。会員がついで買いし易いように、テイクアウトも設けて、サービスの工夫を凝らしています。

コーヒーマフィアは、こうしたクロスセルへと会員を誘導するために、会員の購買データに基づく商品開発に取り組んでいます。その効果は既に表れていて、月額会費を除く客単価は、会員の方が非会員より１００円高いという結果が出ています。

このように、高級フレンチ食べ放題のプロビジョンやコーヒー飲み放題のコーヒーマフィアが示すサブスク・モデルは、今後の外食産業の在り方として、ひとつの方向性を示すものです。確かに、定額食べ放題や飲み放題は従来サービスとして存在していました。しかし、それらのサービスは、レガシー・サブスクの領域を超えるものではありませんでした。プロビジョンは富裕層の特性を捉えたサブスクで、また、コーヒーマフィアはデータ活用によるクロスセル誘導型サブスクで、それぞれ経営を軌道に乗せています。両者に共通するのは、属人的なデータ活用をしっかりと行い、そのノウハウを不可欠なものにしている点です。外食産業でも、こうしたデータ活用によるデジタル化が進めば、サブスク化が加速する可能性は十分にあると言えるでしょう。

6．消費者目線でサブスク化が加速する家具レンタル市場

家具や家電製品は、日常の暮らしの中で必要不可欠な存在ですが、買うと高い上、引越しなどの際には買い替えを迫られるなど、多くの場合において生活の負担になりがちです。こうした負担を取り除いてくれるサービスとして、家具や家電業界でもサブスクが注目され、導入する事業者が増えています。

２０１８年4月に設立したクラス社もそのひとつで、家具・インテリア・家電のレンタルサービスである「クラス」を展開しています。その名の通り、「〝暮らす〟を自由に、軽やかに」という言葉をビジョンとして掲げ、働く人のワーク・ライフ・バランスを重視しています。

起業のきっかけとなったのは、創業者であり現在社長を務める久保裕丈氏の、いわゆる「引越し病」にありました。引越しを2年弱の周期で繰り返し、その度に家具を買っては捨てるを続けていました。そのうち、毎回捨てるのはもったいないし、どうしてこんなことが起きるのかという風に感じるようになり、住む家は賃貸なのに、中で使う家具を買わなければならないのは合理的ではなく、家具を買わずにレンタルするサービスがあれば良いのにと思うに至ったということです。そうしたサービスが当時見当たらなかったこともあり、自分たちで立ち上げたというわけです。

クラスでは、月額500円から家具や家電などのレンタルサービスが受けられます。例えば、ソファは月額1080円から借りることができ、4つのサイズと14のタイプから選べるようになっています。また、ダイニングテーブルは月額2160円から利用が可能で、3つのサイズと6つのタイプが用意されています。

クラスのサブスクの特徴は、「費用を抑えることができる」、「交換が容易であること」、「上質な素材とシンプルなデザインであること」の3つに集約されます。

1つ目の費用の抑制が可能な点については、月額500円からという低額でお手軽な料金設定であることに加え、保証金や送料なども不要であるため、初期費用をゼロに抑えることが可能です。つまり、引越しの際には自分の身の丈に合った予算でインテリアを揃えることができるというわけです。

また、クラスでは一定の条件を満たせば、追加費用なしでインテリアの交換ができる便利なシステムになっています。それゆえ、結婚や出産、転勤などライフステージの変化に応じて家具や家電を部屋の雰囲気に合わせて揃えることが可能となります。また、いらなくなったインテリアの買い取りもしてくれるため、処分にかかる手間や費用も節約することができます。

さらに、クラスが提供するインテリアはどれも、上質な素材とシンプルなデザインが特徴になっています。素材にこだわり、メンテナンスは職人が行っているため、高品質のインテリアを長期間にわたり利用できるのです。デザインは、さまざまなシチュエーションに対応できるように、シンプルで洗練されたものになっています。

このように、クラスが提供するサブスクは、「必要な時に必要なだけ心地よく使える」というモデルになっています。購入や処分にかかる経済的負担を取り除くことができる上、シンプルで上質な家具を快適に心行くまで使うことができるのです。家具の特性であるモノとしての耐久性や、流行（はや）り廃りがあまりないというトレンドとしての耐久性もまた、このモデルを後押ししています。

現状の主な取引先は個人や法人の顧客で、オフィスやホテル、マンスリーマンションなどの取引も増えており、新築や移転、リニューアルなどのタイミングで利用されています。これまでクラスでは、最低利用期間などの点で制約がありましたが、今後は個々の取引先のニーズに応じて柔軟に変えられるサービスを提供していく方針です。

他方で家具のサブスクを単品ではなく、セットで展開している事業者もあります。サブスクライフ社が運営するサブスクライフでは、３００種類を超える新品デザイン家具のラインナップの中から、ライフスタイルに合わせて楽しめる家具コーディネートセット「subsclife for room」を２０１８年11月から提供しています。例えば、一人暮らしのセット「Living Room & Bedroom Sets #1Person #nora」では、24ヶ月契約で月額７４１０円を支払うと、ベッド１台（nora カモミールベッド・小売価格３万９９６０円）、ベッドマット１台（nora SW-23(S)・小売価格３万９１５０円）、ソファ１台（nora Savory sofa 2.5seater・小売価格８万２０８０円）、テーブル１台（nora Sage center table・小売価格２万１６００円）の４アイテムがレンタルできます。単品でレンタルするよりも安くなっているので、割安感があります。

このように、家具のサブスク提供にはさまざまな形態がありますが、家具のサブスク・ビジネスを軌道に乗せるには、2つの課題が存在します。そのひとつが、複雑なオペレーションを滞りなくできるかどうかです。家具の発送や回収、修繕、在庫管理など、販売することよりも数倍複雑なオペレーションを計画通りにこなすことは、サブスクを展開する上でとても重要です。

もうひとつの課題は、資金確保です。家具のサブスクでは、原価回収して利益が出るまで、少なくとも5年から6年はかかるため、資金を絶やさないことが求められます。とりわけ、家具をサブスク展開するためには、一定量を確保する必要があることから、仕入れのために資金を充てることが避けられません。特に家具は単価が高いことからその額が大きくなります。資金を常時確保していくことが必要不可欠となります。

これら2つの課題が解消されれば、家具のサブスクは今後、消費者の経済的負担を軽減できるサービスとして大きな市場を形成していくことになるでしょう。

7. サービス品質の向上でサブスクが家電市場を席巻する

クラスは家具を中心として家電にまで手を広げるサブスクですが、逆に、家電に始まり家具にも進出している事業者もいます。レンティオ社は、家電やカメラをネットで簡単にレンタルできるサービス「レンティオ」を展開しています。2015年4月の設立以来、レンタルできる製品を広げて行き、今では、カメラやキッチン家電、掃除家電、生活家電、プロジェクター、美容・ヘルスケア家電、ベビー用品、ドローン、ウェアラブル端末、オーディオ・録音／再生機器、パソコン・周辺機器、電動ドライバー、楽器、寝具などさまざまなジャンルから製品を利用できるようになっています。

レンティオの創業者であり代表取締役社長を務める三輪謙二朗（みわけんじろう）氏は、起業する前に、カメラなど家電メーカーのベテラン社員にレンタル需要について訊（き）いたところ、「家電は車などと一緒で所有欲が強いものだからレンタルは流行らない」と言われたといいます。しかし、三輪氏は若い世代にレンタルの話をすると「興味がある」とか「そのようなサービスがあれば使ってみたい」という意見が多かったことから、レンタルに特化した事業で起業することに興味を持ったと言います。

三輪氏は、カメラや家電製品に元々興味を持っており、購入することが当たり前だと思っていましたが、息子が生まれたのをきっかけに一眼レフカメラを購入してみたものの、実際にはあまり使わないことに気付いたと言います。そこで、「使いたい時だけ使うレンタルサービスは家電に合っている」ということを実感して、家電製品を中心としたレンタルビジネスを始めたということです。

レンティオでは、製品ごとにサブスクでレンタルできる期間が異なります。例えば、一眼レフカメラやビデオカメラは、最短で3泊4日になっていますが、ルンバやロボット掃除機などの家電製品は、1ヶ月レンタルや最短で7泊8日からのレンタルになっています。これは、カメラなどの製品が、期間が短い方が顧客のニーズに合っているというように、それぞれの製品に合ったレンタルスタイルがあるという視点から期間を設定しているからです。

こうしたレンタルスタイルは、カスタマーレビューを基に常に更新されます。悪い評価レビューにしても、良い評価レビューにしても、参考になるレビューは全て取り入れ、お客様の声としてレンタルスタイルに反映させて改善しているのです。

この背景には、サービスの質を常に追求していくことで、満足度の高い企業にしていきたいというレンティオの経営方針があります。「電話にすぐ出る」や「電話の保留を長くしない」といった基本的な顧客対応は勿論（もちろん）のこと、レンタルに特化して開発したレンティオ専用の箱を用意して返却なども簡単に行えるようにするなど、レンタルレベルの向上を常に意識した取り組みを行って、一つひとつ積み上げながら、サービスの質の向上を図っているのです。

三輪氏は、「本質とは何か」と問うことが経営していく上で重要であると捉えています。例えば、レンティオでは、お客様がキャンセルしたいと申し出た場合、商品発送前であれば、キャンセル料は取りませんが、商品発送後であれば、送料の実費だけをお客様に負担してもらえればキャンセルを承諾しています。サービスを提供していないのに、料金を丸々もらうのは間違いで、こうした経営こそが本質的ではないと捉えています。つまり、利益ではなく、サービスの質を優先することこそが本質的であると捉えているのです。

レンティオは、家電業界において買うという従来の行動以外に、サブスクによるレンタルという選択肢を顧客に提供して、消費行動を変えつつあります。新しい市場の潜在性を事前に調査して、その潜在需要を取り込むことに成功したのです。今後も、サブスクによるレンタルに新しい製品を次々と投入していく意向です。

家電業界におけるサブスクの導入は、大手の家電メーカーでも進んでいます。家庭用掃除機メーカー大手のダイソンは、「Dyson Technology ＋（ダイソンテクノロジープラス）」というサービス名でサブスクを提供しています。ダイソンの製品を所有するのではなく、消費者が自分の生活環境で実際に利用することで、ダイソンテクノロジーを体験してもらうというのが、このサービスの狙いです。ダイソンのホームページには、ダイソンテクノロジープラスが、「試す。実感する。続ける。ダイソンを始める、新しい方法」であると示されています。初めてダイソンを利用する個人の顧客だけでなく、ダイソンの既存顧客で常に新製品を試してみたいという利用者にとっても魅力的なサービスになっています。

ダイソンテクノロジープラスには、設定期間に応じて2つのプランが用意されています。設定期間が2年間の「アドバンスプラン」と、設定期間が3年間の「パフォーマンスプラン」です。どちらのプランも月額料金の他に、事務手数料3000円（税抜）がかかります。

これら2つのプランは、コードレスクリーナー、ファンヒーター、ヘアドライヤーの3つが利用可能な対象製品になっていますが、アドバンスプランの方がハイエンドモデルになっています。そのため、アドバンスプランでは、コードレスクリーナーと空気清浄機能付きファンヒーターの月額料金が2500円（税抜）に、また、ヘアドライヤーの月額料金が1500円（税抜）にと、パフォーマンスプランの月額料金1000円（税抜）に比べやや高めに設定されています。

製品の更新サイクルに合わせて、設定期間が2～3年になっているので、会員は、新機種にアップデートが可能で、常に新しいテクノロジーを実感することができます。また、付加サービスも充実していて、例えば、コードレスクリーナーのアドバンスプランなら、1年経過後のメンテナンスサービスを無料で受けられます。

このように、家電市場でもサブスクによるレンタルという選択肢を顧客に提供することで、サブスク化が進みつつあります。新たな消費行動を顧客に提案して、それが受け入れられれば、サブスク化はこの市場でも益々拡大していくことになるでしょう。

8. 未来の暮らしに不可欠となる究極のサブスク・モデルとは？

これまで有望となる分野を見てきましたが、今後は少子高齢化が進むという流れと、AIの発展という流れから見ると、格差社会のさらなる進展が予想されることから、サブスクが全てのモノやサービスの土台になると考えられます。将来的にサブスクが浸透したライフスタイルはどのようなものになっているのでしょうか。２０３０年の生活シーンを想像してみると、実際には以下のようになっているのかもしれません。

私は街にあるレンタルオフィスでフリーランスの仕事をしています。ここでは、従量制による時間単位で1坪ほどのスペースを低料金で借りられます。3Dプリンターや最新のOA機器が完備されていて、利用し放題なのも魅力的な点のひとつです。

仕事は、クラウドソーシングから1時間単位で請け負うことができます。クラウドソーシングの仕事は今とは異なり、この時代には付加価値の高いタスクになっており、AI代替により人間にできる仕事が減少する中、人間同士が繋がり合ってできる残されたタスクとして需要の高い仕事のひとつになっています。

タスクの指示は全てスマートグラスを通じて行われます。この頃には、スマートグラスは外出時の必需品になっていて、今のスマホのようにユーザーインターフェース（UI）を指で操作するのではなく、全て音声でAIが認識してコマンドするようになっています。AIは私の全ての個人情報を把握しているので、パーソナライズ化が基本になります。つまり、生活全てにおいて〝パーソナルAI〟として機能してくれるのです。

パーソナルAIは、この時代には既に人間のライフスタイルに不可欠なアイテムになっていて、ライフログとして情報を管理するとの観点から、出生時に全ての人に加入が義務付けられています。1年ごとの自動更新で毎年課金されていくシステムを採っています。

朝から既に2つのタスクをこなして少々疲れ気味の私は、パーソナルAIに音楽のリクエストをすることにしました。スマートグラスにオプション・サービスを表示してきたので、動画付きのサービスを選んで伝えると、今の自分の気持ちに合ったリラックスできる音楽と動画を同時に流してくれます。満足度が高かったので、このサービスの課金評価を高めに設定してフィードバックすることにしました。

このサービスは会員制の音楽配信サービスではありますが、好みの楽曲を利用者が選択できるのは勿論、生活のシーンに合わせて利用者がリクエストした際にＡＩがパーソナライズ化して楽曲を選んで流してくれます。しかも、料金は予め設定されているのではなく、曲を聴いた後に利用者の評価によって決まるシステム、すなわち、ＡＩのパフォーマンスを利用者が評価して料金を支払う仕組みになっているのです。こうした仕組みは音楽だけでなく、動画やゲームなどデジタルコンテンツサービスには当たり前のシステムとして定着しています。

その後、もうひとつのタスクをこなした後で、私はランチを取ることにしました。スマートグラスを介して、オフィスの近くで今日のランチに最も相応しいサービスを訊いてみると、パーソナルＡＩが近くのパスタ店を推奨してきました。その店は、自分が3年ほど前に入会したサブスクレストランでここ数ヶ月間行っていなかったので、スマートグラスに道順を訊くと、AR（拡張現実）マップで表示してくれました。その指示に従って行くと、労せずして辿り着くことができました。

店に入るとパーソナルAIが予約してくれていたので、すぐに席に座ることができました。ほどなく料理がテーブルに運ばれてきましたが、驚くに当たりません。大抵のサブスクレストランでは、何もオーダーせずに料理が出てくるのは当たり前のシステムになっています。なぜなら、店では事前にパーソナルAIから私がこの2週間ほどの間に何を食べどこに行ったか行動履歴を入手しており、それらのデータを解析してレシピを組んでくれているからです。食事が終わるとスマートグラスを通して店に評価のフィードバックを行いました。

午後は仕事が入っていなかったので、会員制のフィットネスジムで汗を流すことにしました。ここでは、運動した際のデータは勿論、心拍数、血圧、血糖値、BMI、体脂肪率など健康に関するあらゆるデータが全て蓄積されていて、個人に合ったメニューを運動が可能な時間とその時の疲労度に応じてハード、ミディアム、ライトの3段階で用意してくれます。今日は体調が良かったので、2時間ほどのハードメニューを選択してこなすことにしました。

最初のメニューはＡＭＴ（オープンスライド）による有酸素運動です。これを30分ほどこなすと、次は無酸素運動で、７種類の筋トレマシーンを使った30分ほどのメニューが組まれていました。その後有酸素運動に戻り、スタジオプログラムで40分間のコンバットをこなしましたが、一連のメニューの全てにはバーチャルのインストラクターが付き、常時アドバイスをしてくれました。運動した消費量や健康管理データは、現在のフィットネスジムで行われているようにＵＳＢではなく、マシーンや室内に備え付けられているセンサーで感知して取得され蓄積されていきます。ここでもスマートグラスを通じて評価を求められたので、バーチャルインストラクターの良いアドバイスのお陰でハードワークがこなせたことから、高めの評価を返しておきました。

夕方帰宅をすると、夕食までにまだ十分な時間があったので、ミールキットのサブスクを注文することにしました。先ほどジムで消化したメニューと健康状態を表すデータを全てミールキットに送ると、今日の夕食で私が摂取しなければならない栄養素を算出してレシピと食材を1時間ほどで配送してくれました。レシピに従って作り始めると40分足らずで出来上がったので、完成した料理をスマートグラスで撮影してＳＮＳにアップすることにしました。

家では、スマートグラスを外します。なぜなら、同じ機能を持ったスマートテレビがその役割をこなしてくれるからです。室内には至る所にセンサーが完備されていて、生活のあらゆるデータを取得して管理してくれるのです。それゆえ、生活回りで必要な消耗品は全て、従量制のサブスクサービスに自動的にオーダーして補給しておいてくれます。

スマートテレビでは、チャンネルがパーソナル、ニュース、海外スポーツ、国内スポーツ、バラエティ、洋画、邦画、海外ドラマ、国内ドラマ、料理などの分野別になっており、どのチャンネルも見放題のサブスクになっています。パーソナルチャンネルでは、個人の出生から現在までのあらゆるデータが閲覧できるようになっており、過去データの解析からＡＩがシミュレーションしてくれる〝スマートプラン〟が人間の生産性を高めてくれます。

スマートプランは、翌日のスケジュールを提案してくれるもので、例えば、仕事なら、段取りから到達目標に至るまでタスク完遂に必要な全てのプロセスが詳細に示されています。この指示通りに仕事を行えば、人間が実行するよりも遥かに生産性を高めることができるというわけです。

このように見てくると、１日の生活の中で利用する全てのサービスがサブスク化していることが分かります。しかも、これらのサービス、すなわち、レンタルオフィス、スマートグラス、パーソナルＡＩ、デジタルコンテンツサービス、サブスクレストラン、フィットネスジム、ミールキット、スマートテレビ、スマートプランといったサービスは、現在利用しているサービスよりも格段にサブスクが進化していて、人の生活や暮らしの中に入り込んで機能しているのです。

ただ、この２０３０年の生活シーンは、あくまでも現在使われている技術や製品、サービスが連続的に改良・改善されて、技術が進歩していく場合を想定して描いたものです。カーツワイル氏が主張するように、仮に２０４５年にシンギュラリティが訪れ、人類が〝超絶知能〟を手に入れることで、画期的な製品やサービスが非連続的に生まれ、多くのイノベーションが既存の製品を破壊する時代がやって来る場合には、これとは全く別のストーリーが展開されることになります。例えば、実際の食事をしなくてもリアルの体験と全く同じ感覚で満腹感が得られるサービスや、旅行に行かなくても現地を訪れた時と全く同じ感覚や体験を味わえるサービスなどです。

既に現代のテクノロジーは、プラットフォームやクラウドによりモノやサービスのデジタル化を果たし、自動化、リアルタイム化、分散化、非物質化に向かって進化しています。

こうしたテクノロジーの進展と共に、「所有」に取って代わるのはまさしく「利用」で、利用は「パーソナルＡＩに話しかける」という行為だけで完結できるようになります。現時点では、ネットを中心としたアクセスにより、所有というスタイルでモノやサービスを利用していますが、将来的には、スマートグラスやスマートテレビに話しかけるだけで日常のタスクが全て片づけられるようになる日がやって来るのです。

未来において所有という消費行動の余地がどれだけ残されているかを議論するのはそれほど重要ではありませんが、パーソナルＡＩに話しかけるだけで最新で高品質なモノやサービスを常時リアルタイムで利用できることになれば、便益という視点からより良い生活を送ることができるという意味では、人類は間違いなくこうした方向に進んでいくと考えられるのです。

おわりに

最近でこそ、メディアで多く取り上げられるようになった「サブスクリプション」ですが、日本では、いつ頃からこの言葉が聞かれるようになったのでしょうか。桑田佳祐さんが２０１６年６月にリリースした16枚目のシングル「ヨシ子さん」の歌詞の中に、「〝サブスクリプション〟まるで分かんねぇ〝ナガオカ針〟しか記憶にねぇよ～」というくだりがあります。個人的には、この曲のセンスと常にヒット曲を創造し続ける桑田佳祐さんの才能の高さに敬服しておりますが、この丁度１年前頃から、Apple ミュージックや Amazon ミュージックなどの定額制音楽配信サービスが次々と提供され始めています。こうしたサービスが相次いで日本に上陸したことから、Ｂ２Ｃを中心にサブスクという言葉が次第に広がって行きました。

米国では一足先の２０１０年頃にビジネスにサブスクが取り入れられるようになりまし

た。アパレルやコスメ、ミールキットなどのサブスク・ボックスが立て続けにマネタイズするようになると、日本でもビジネスにサブスクを取り入れる動きが起こり、以降加速化して今日に至ります。

サブスクは、勿論（もちろん）消費行動と密接に関係しますが、社会を映し出す鏡でもあります。今後、少子化社会、超高齢社会、格差社会などが進展する中で、サブスクはあらゆるモノやサービスを飲み込みながら、その形態を変化させて人々の生活や社会に浸透することになるでしょう。

最後に、本書の出版にあたり、KADOKAWAの多くの方々にご協力をいただきました。企画のご提案をいただいた菊地悟氏には、編集や校正の段階においても多大なご尽力をいただきました。廣瀬暁春氏には、編集や校正の面で多大なご尽力をいただきました。ここに心から感謝の意を記します。また、本書の執筆にあたり、環境を整え支えてくれた妻といつも温かい言葉をかけて励ましてくれた子供たちに厚く感謝します。

２０１９年５月

雨宮　寛二

［参考文献］

第Ⅰ章

1. Just the Right Book. HP.（https://justtherightbook.com/）
2. zenamins. HP.（https://zenamins.com/）
3. ＫＤＤＩ総合研究所「世界を席巻するサブスクリプションビジネス」沖賢太郎。２０１８年10月19日（https://rp.kddi-research.jp/article/RA2018011）
4. air Closet. HP.（https://www.air-closet.com/）
5. 『日経トップリーダー』（２０１８年12月号）「高級ハンドバッグ　ラクサス・テクノロジーズ　会員継続率95％　クレーマーはお断り」
6. 『商業界』（２０１８年12月号）「ブランドバッグの定額制レンタル LAXUS バッグを服とコーデしたり素材やカラーを選んで楽しむ」
7. 第６回現代経営研究会「創業からこだわる「創造・独創・挑戦」」株式会社メニコン田中英成代表執行役社長（http://www.tyg-business.jp/activities/2016/images/2016-6_161214s.pdf）
8. 日経トップリーダー（２０１８年12月号）「コンタクトレンズ　メニコン　顧客ファー

ストのサービスでV字回復」

第II章

9．Zuora. "Subscription Economy Index" 2018（https://www.zuora.com/resource/subscription-economy-index/）

10．Zuora. "The Subscription Economy Index Update：Fall 2018"（https://www.zuora.com/2018/09/19/the-subscription-economy-index-update-fall-2018/）

11．総務省「平成26年全国消費実態調査〜単身世帯の家計収支及び貯蓄・負債に関する結果」（https://www.stat.go.jp/data/zensho/2014/pdf/gaiyo2.pdf）

12．総務省「平成21年全国消費実態調査」（https://www.stat.go.jp/data/zensho/2009/cgaiyo.html#1）

13．STATISTA. "Annual revenue of Adobe Systems from 2004 to 2018 (in million U.S. dollars)"（https://www.statista.com/statistics/266399/revenue-of-adobe-systems-worldwide-since-2004/）

14．シェアリングエコノミー協会「２０１９年最新のシェアリングエコノミー領域

map を公開しました！」２０１９年１月７日（https://sharing-economy.jp/ja/news/map201901/）

15. 矢野経済研究所・ニュース・トピックス／プレスリリース「シェアリングエコノミー（共有経済）サービス市場に関する調査を実施（２０１８年）」２０１８年９月12日、シェアリングエコノミー（共有経済）サービス市場規模推移・予測（https://www.yano.co.jp/press-release/show/press_id/1988）

16. MINPAKU.Biz「定額で「全国住み放題」を実現する多拠点移住サービス「アドレス」２０１９年４月に開始へ。ガイアックス、新会社アドレス設立」２０１８年12月26日（https://min-paku.biz/news/co-living-address.html）

17. GEM Partners「〈動画配信（ＶＯＤ）市場規模の予測〉２０１８年の市場規模推計は前年の19・５％増、ＳＶＯＤ市場シェアは Netflix・DAZN・Abema が拡大」２０１９年２月20日（https://prtimes.jp/main/html/rd/p/000000027.000013190.html）

18. DAZN. HP.（https://watch.dazn.com/ja-JP/sports/）

19. excite ニュース「Netflix、２０１９年の映画・番組制作費は１・６兆円にまで拡大」２０１９年１月23日（https://www.excite.co.jp/news/article/Ubergizmo_japan_

7730/)
20. BUSINESS INSIDER JAPAN「Amazon Prime Video、日本上陸から3年で捉えたテレビではできないことの強み」２０１８年11月８日（https://www.businessinsider.jp/post-179164)
21. Yahoo!Japan ニュース「アマゾン、ついに Prime の米国会員が１億人を突破　なぜ、そんなに人々を魅了するのか?」２０１９年３月２日（https://news.yahoo.co.jp/byline/kokuboshigenobu/20190302-00116735/)
22. Amazon. Press release. "Amazon.com Announces Fourth Quarter Sales up 20% to $72.4 Billion" January 31, 2019.（https://press.aboutamazon.com/news-releases/news-release-details/amazoncom-announces-fourth-quarter-sales-20-724-billion)
23. 世界経済のネタ帳「世界の人口ランキング２０１７年」２０１８年10月17日(https://ecodb.net/ranking/imf_lp.html)
24. 世界経済のネタ帳「世界の１人当たりの名目ＧＤＰ（ＵＳドル）ランキング２０１７年」２０１８年10月17日（https://ecodb.net/ranking/imf_ngdppc.html)
25. BUSINESS INSIDER. "Amazon customers should be paying $785 for Prime

membership - here's why" Hayley Peterson. May 16, 2018, 1:56 PM.（https://www.businessinsider.com/amazon-prime-membership-should-cost-785-2018-5）

第Ⅲ章

26. McKinsey&Company. "Thinking inside the subscription box: New research on e-commerce consumers" February 2018（https://www.mckinsey.com/industries/high-tech/our-insights/thinking-inside-the-subscription-box-new-research-on-ecommerce-consumers#0）

27. Forbes.「The State Of The Subscription Economy, 2018」Louis Columbus. March 4, 2018.（https://www.forbes.com/sites/louiscolumbus/2018/03/04/the-state-of-the-subscription-economy-2018/#16bb6f8e53ef）

28. Blue Apron. "2017 Annual Report & 2018 Proxy Statement"（https://investors.blueapron.com/~/media/Files/B/BlueApron-IR/documents/annual-report-and-proxy-statement.pdf）

29. Blue Apron. "Blue Apron Holdings, Inc. Reports Fourth Quarter and Full Year 2017

Results” (https://investors.blueapron.com/press-releases/2018/02-13-2018-120203967)

30. Blue Apron. “Blue Apron Holdings, Inc. Reports Fourth Quarter and Full Year 2018 Results” (https://investors.blueapron.com/press-releases/2019/01-30-2019-212321187)

31. Ipsy. HP. (https://www.ipsy.com/)

32. Ipsy. “What's a Glam Bag?” (https://help.ipsy.com/customer/portal/articles/1465221-what-s-a-glam-bag-)

33. Bloomberg. “Birchbox Finds Cute Boxes Filled With Makeup Aren't Enough” By Kim Bhasin and Polly Mosendz. 2016.06.03.19:00. JST. (https://www.bloomberg.com/news/articles/2016-06-03/birchbox-finds-cute-boxes-filled-with-makeup-aren-t-enough)

34. Forbes JAPAN.「企業価値５００億円の「化粧品サンプル」企業、バーチボックスが黒字化を達成」Clare O'Connor. ２０１７年4月16日 09：00 (https://forbesjapan.com/articles/detail/15916)

35. 商人舎流通スーパーニュース「ウォルグリーン news ―２５０万人会員を持つ化粧品ＥＣ「バーチボックス」と提携」２０１８年10月9日 (https://news.shoninsha.

co.jp/world/111844)

36. Dollar Shave Club. HP. (https://www.dollarshaveclub.com/)

37. Zuora. Medium. "The Secret behind Dollar Shave Club's Billion Dollar Success in One Graph". By Nikhil Basu Trivedi. May 31. 2017. (https://medium.com/@nbt/the-secret-behind-dollar-shave-clubs-billion-dollar-success-in-one-graph-f02fba883635)

38. Second Measure. Customer Retention (https://secondmeasure.com/)

39. Harry's. HP. (https://www.harrys.com/en/us)

40. Xeim. "Dollar Shave Club shifts business model as subscription growth slows" by Molly Fleming. 18 Oct 2018. (https://www.marketingweek.com/2018/10/18/dollar-shave-club-changes-business-model-as-subscriber-growth-slows/)

41. Bark Box. HP. (https://www.barkbox.com/)

42. APPA (American Pet Products Association). "Pet Industry Market Size & Ownership Statistics" (https://www.americanpetproducts.org/press_industrytrends.asp)

43. Stitch Fix. "Stitch Fix Announces Fourth Quarter and Full Fiscal Year 2018 Financial Results" October 1, 2018. (https://investors.stitchfix.com/news-releases/

news-release-details/stitch-fix-announces-fourth-quarter-and-full-fiscal-year-2018）

44. Yahoo! Finance. “Does Stitch Fix Have a User Growth Problem?” Jeremy Bowman. December 12, 2018.（https://finance.yahoo.com/news/does-stitch-fix-user-growth-214700002.html）

45. WWD.「米ＡＩスタイリングのスティッチ フィックス、ついに上場するも初日はふるわず」２０１７年11月20日（月）22：00（https://www.wwdjapan.com/511094）

46. 雨宮寛二著『アップル、アマゾン、グーグルのイノベーション戦略』（ＮＴＴ出版・２０１５年）

47. DIGIDAY. “As Amazon lurks, Instacart positions itself as grocery stores’ best friend” Hilary Milnes. November 29, 2018.（https://digiday.com/marketing/amazon-instacart-grocery-stores-best-friend/amp/）

48. Rent The Runway. HP.（https://www.renttherunway.com/）

49. My Arlington TX “Fashion Company, Rent the Runway, to Open Arlington Distribution Center” February 28, 2018.（http://www.arlington-tx.gov/news/2018/02/28/fashion-company-rent-runway-open-arlington-distribution-center/）

50. DIGIDAY UK. "'I plan to put Zara out of business': Why fast fashion is Rent the Runway's biggest foe" Hilary Milnes. October 16, 2017.（https://digiday.com/marketing/plan-put-zara-business-fast-fashion-rent-runways-biggest-foe/）

51. TechCrunch. "Rent the Runway opens physical store in San Francisco" Megan Rose Dickey.（https://techcrunch.com/2018/09/18/rent-the-runway-opens-physical-store-in-san-francisco/）

52. Instacart. HP.（https://www.instacart.com/）

53. LOOTCRATE. HP.（https://www.lootcrate.com/）

第Ⅳ章

54. 厚生労働省「平成29年（２０１７）人口動態統計（確定数）の概況」「合計特殊出生率について」平成30年９月７日（https://www.mhlw.go.jp/toukei/saikin/hw/jinkou/kakutei17/index.html）

55. 財務省「消費税の使途に関する資料」（https://www.mof.go.jp/tax_policy/summary/consumption/d05.htm）

56. 時事ドットコム「【図解・政治】消費税増税分の使い道（２０１８年10月）」２０１８年10月15日（https://www.jiji.com/jc/graphics?p=ve_pol_zeisei20181015j-02-w370）
57. 消費税・軽減税率情報 Cafe「消費税増税の使い道をわかりやすく解説」２０１９年２月16日（https://www.keigenzeiritsu.info/article/18645）
58. 橋本健二著「現代日本の階級構造と階級間移動」（http://www.l.u-tokyo.ac.jp/2015SSM-PJ/03_05.pdf）
59. 橋本健二著『新・日本の階級社会』（講談社現代新書・２０１８年１月）
60. 内閣府「平成30年度国民生活に関する世論調査」２調査結果の概要１図18−２生活の程度（時系列）（https://survey.gov-online.go.jp/h30/h30-life/zh/z18-2.html）
61. 独立行政法人情報処理推進機構 ＡＩ白書編集委員会編『ＡＩ白書２０１９ 企業を変えるＡＩ 世界と日本の選択』（角川アスキー総合研究所・２０１８年12月）
62. 厚生労働省『保健医療分野におけるＡＩ活用推進懇談会 報告書』（２０１７年６月27日）（https://www.mhlw.go.jp/stf/shingi2/0000169233.html）
63. TechCrunch.「Amazon の世界最大級フルフィルメントセンターのロボット軍団を見た」Brian Heater. ２０１９年３月18日（https://jp.techcrunch.com/2019/03/18/2019-

03-17-these-are-the-robots-that-help-you-get-your-amazon-packages-on-time/）

64. 雨宮寛二著『ＩＴビジネスの競争戦略』（KADOKAWA・２０１７年10月）

第Ⅴ章

65. Forbes. "Cadillac Launches Book 'Vehicle Subscription' Service as New Mobility Model for New Era" Dale Buss. Jan 5, 2017.（https://www.forbes.com/sites/dalebuss/2017/01/05/cadillac-launches-book-vehicle-subscription-service-as-new-user-model-for-new-age/#396d3ad84a84）

66. dマガジン HP.（https://www.nttdocomo.co.jp/special_contents/dmagazine/?utm_source=google&utm_medium=cpc&utm_campaign=dmagazine_all_brand&gclid=Cj0KCQjwhPfkBRD0ARIsAAcYycEmiDSTDVdUwHo8vRJp9TFaGJd_bDWBxzSS6kgwif3f-Kh5ZequKzsaAsw2EALw_wcB）

67. タブホ HP.（https://www.optim.co.jp/tabuho/）

68. ブック放題 HP.（https://bookhodai.jp/?f=listing&gclid=Cj0KCQjwhPfkBRD0ARIsAAcYycEJ60SBxlyBcG36TJUG5L3LfyDUGukoLg3ipDlAVcVJ5DYBPng001caAvg7EALw_

wcB)
69. キンドルアンリミテッドＨＰ.（https://www.amazon.co.jp/kindle-dbs/hz/signup）
70. engadget 日本版「App Store が Google Play より2倍以上の収益。しかしダウンロード数は半分以下という分析結果が発表」Kiyoshi Tane. ２０１８年７月17日（https://japanese.engadget.com/2018/07/17/app-store-google-play-2/）
71. Provision. HP.（https://provision-tokyo.com/）
72. 『週刊ダイヤモンド』（２０１９年2月2日号）
73. CLAS. HP.（https://clas.style/）
74. subsclife. HP.（https://subsclife.com/）
75. subsclife. Living Room & Bedroom Sets#1Person #nora.（https://subsclife.com/s/pages/package_12.aspx）
76. Rentio. HP.（https://www.rentio.jp/）
77. Wantedly.「レンティオで働くメリットとは。急成長中のレンタルサービスＣＥＯインタビュー」２０１８年８月７日（https://www.wantedly.com/companies/rentio/post_articles/129430）

78. CNN.co.jp.「もう洗濯は不要？　干すだけで染みが消える繊維を実現」2016年3月30日（https://www.cnn.co.jp/tech/35080373.html）

雨宮寛二（あめみや・かんじ）
ジャーナリスト。ハーバード大学留学時代に情報通信の技術革新に刺激を受ける。日本電信電話株式会社入社後、主に国際事業部門に所属し海外投資事業に従事。その後、公益財団法人中曽根康弘世界平和研究所主任研究員、経団連21世紀政策研究所研究委員などを歴任。長年、イノベーションやICTビジネスの競争戦略に関わる研究に携わり、講演や記事連載、TVコメンテーター、大学講師などを務める。単著に『ITビジネスの競争戦略』（KADOKAWA）、『アップル、アマゾン、グーグルの競争戦略』『アップルの破壊的イノベーション』『アップル、アマゾン、グーグルのイノベーション戦略』（すべてNTT出版）があるほか、『角川インターネット講座 11 進化するプラットフォーム』（KADOKAWA）に執筆している。

サブスクリプション

製品から顧客中心のビジネスモデルへ

雨宮寛二

2019年 7月 10日　初版発行

発行者　郡司 聡
発　行　株式会社KADOKAWA
〒102-8177　東京都千代田区富士見2-13-3
電話　0570-002-301（ナビダイヤル）

装 丁 者　緒方修一（ラーフイン・ワークショップ）
ロゴデザイン　good design company
オビデザイン　Zapp!　白金正之
印 刷 所　株式会社暁印刷
製 本 所　株式会社ビルディング・ブックセンター

角川新書
　ISBN978-4-04-082299-0 C0234

KADOKAWAの新書 好評既刊

生物学ものしり帖
池田清彦
生命、生物、進化、遺伝、病気、昆虫——構造主義生物学の視点で研究の最前線を見渡してきた著者が、暮らしの身近な話題から人類全体の壮大なテーマまでを闊達に語る。肩ひじ張らない読めばちょっと「ものしり」になれるオモシロ講義。

反-憲法改正論
佐高　信
宮澤喜一、後藤田正晴、野中広務。異色官僚佐橋滋。澤地久枝、井上ひさし、城山三郎、宮崎駿、三國連太郎、美輪明宏、吉永小百合、中村哲。彼らがどう生き、憲法を護りたいのか。著者だからこそ知り得たエピソードとともにその思いに迫る。

未来を生きるスキル
鈴木謙介
「社会の変化は感じるが、じゃあどう対応したらいいのか?」どうしようもない不安や不遇感に苛まれている人たちへ。本書は今、伝える「希望論」であり、どのように未来に向かえばいいのかを示す1冊である。

ゲームの企画書①
どんな子供でも遊べなければならない
電ファミニコゲーマー編集部
歴史にその名を残す名作ゲームのクリエイター達に聞く開発秘話。ヒット企画の発想と創意工夫、そして時代を超える普遍性。彼らの目線や考え方を通しながら「ヒットする企画」を考える。大人気シリーズ第1弾。

ゲームの企画書②
小説にも映画にも不可能な体験
電ファミニコゲーマー編集部
歴史にその名を残す名作ゲームのクリエイター達に聞く開発秘話第2弾。ヒット企画の発想と創意工夫、そして時代を超える普遍性。最新技術を取り入れながら、いかに最高の体験を企画するかを考える。

KADOKAWAの新書 ❦ 好評既刊

ゲームの企画書③
「ゲームする」という行為の本質

電ファミニコゲーマー編集部

歴史にその名を残す名作ゲームのクリエイター達に聞く開発秘話第3弾。ヒット企画の発想と創意工夫、時代を超える普遍性。栄枯盛衰の激しいゲーム業界で活躍し続けるトップランナー達と、エンタメの本質に迫る。

競輪選手
博打の駒として生きる

武田豊樹

「1着賞金1億円、2着賞金2,000万円」最高峰のレースはわずか1センチの差に8,000万円もの違いが生まれる。競輪――人生の縮図とも言える「昭和的な世界」。15億円を稼いだトップ選手が今、初めて明かす。

平成批評
日本人はなぜ目覚めなかったのか

福田和也

平成を通じて日本人は「国」から逃げ続けた。近代が終わり、シビアな「修羅の時代」に突入したにもかかわらず、その姿勢に変わりはない。本書では稀代の評論家が政治や世相、大衆文化を通じて平成を批評し、次代への指針を示す。

移民クライシス
偽装留学生、奴隷労働の最前線

出井康博

改正入管法が施行され、「移民元年」を迎えた日本。その陰で食い物にされる外国人たち。コンビニ「24時間営業」や「398円弁当」が象徴する日本人の便利で安価な暮らしを最底辺で支える奴隷労働の実態に迫る。

偉人たちの経済政策

竹中平蔵

日本の歴史を彩る、数々の名君。彼らの名声の背景には、精緻な経済政策があった。現代の問題解決にも通ずる彼らの「リアリズム」を、経済学者・竹中平蔵が一挙に見抜く。